21世纪会计系列规划教材

应用型

新编基础会计学
辅导与练习

（第四版）

韩冰 编著　　单昭祥 主审

Xinbian Jichu
Kuaijixue
Fudao yu
Lianxi

东北财经大学出版社
Dongbei University of Finance & Economics Press

大连

图书在版编目（CIP）数据

新编基础会计学辅导与练习/韩冰编著. —4版. —大连：东北财经大学出版社，2017.9

（21世纪会计系列规划教材·应用型）

ISBN 978-7-5654-2914-9

Ⅰ．新… Ⅱ．韩… Ⅲ．会计学–高等学校–教学参考资料 Ⅳ. F230

中国版本图书馆CIP数据核字（2017）第205964号

东北财经大学出版社出版

（大连市黑石礁尖山街217号 邮政编码 116025）

网 址：http://www.dufep.cn

读者信箱：dufep@dufe.edu.cn

大连雪莲彩印有限公司印刷 东北财经大学出版社发行

幅面尺寸：170mm×240mm 字数：244千字 印张：12

2017年9月第4版 2017年9月第11次印刷

责任编辑：高 铭 吴 茜 责任校对：刘孟晖

封面设计：冀贵收 版式设计：钟福建

定价：26.00元

教学支持 售后服务 联系电话：（0411）84710309

版权所有 侵权必究 举报电话：（0411）84710523

如有印装质量问题，请联系营销部：（0411）84710711

第4版前言

有一本好的教材，也要有一本好的辅导书！

为了帮助同学们学好单昭祥、韩冰编著的《新编基础会计学》（第四版）（由东北财经大学出版社于2017年8月出版），更好地学习会计学的基本理论和核算方法，明确学习基础会计学的目的和要求，抓住基础会计学的重点与难点，掌握基础会计学的知识结构及每章的内容结构，从而准确地把握基础会计学这门课程的全部内容，我们编写了《新编基础会计学辅导与练习》（第四版），相信本辅导书会给学习基础会计学的同学们带来许多裨益。开卷必有益，勤练定提高。

本书在编写过程中，力求体现以下三个特点：

一、一致性

本书在体系结构的设计上、概念的阐述上、各章内容的安排上，都与主教材保持一致，以便学生结合主教材更好地掌握会计学的基本理论、核算方法和会计工作组织。

二、概括性

本书对主教材进行了归纳和高度概括，每章都从本章内容结构、本章学习目的与要求、本章重点与难点三个方面进行了提炼。

1.本章内容结构。

该部分给出本章知识点的结构框图，指出各个知识点的相互联系，指明学习思路，使学生把握本章的知识结构，有利于本章内容的学习。

2.本章学习目的与要求。

该部分主要说明为什么学习本章内容，要达到什么目的，从而指明学习方向，同时提出学习本章内容的具体要求，以便实现学习目的。

3.本章重点与难点。

该部分综观全章内容，给出本章重点，指出本章难点，并对本章内容进行归纳和总结，使学生更好地理解、把握主教材的内容，将主教材的知识应用于会计实践。

三、实用性

本书以教学大纲为依据，根据各章的考核知识点及考核要求，按目前普遍采用的填空题、单项选择题、多项选择题、判断题、名词解释、简答题、业务题七种题型进行编写，并给出了相应的参考答案，便于学生检验学习效果，以便较好地掌握每章的概念、原理及核算方法，加深对基础会计知识的认识和理解，提高分析问题、解决问题的能力，为用所学，学有所用。

本书由韩冰编著，单昭祥教授主审、总纂并定稿。

由于时间仓促，水平所限，书中不足在所难免，敬请读者批评指正。联系方式：fallo4@163.com，15361158096。

编著者

2017年6月

目　录

第九章　会计工作组织/174

全书逻辑结构

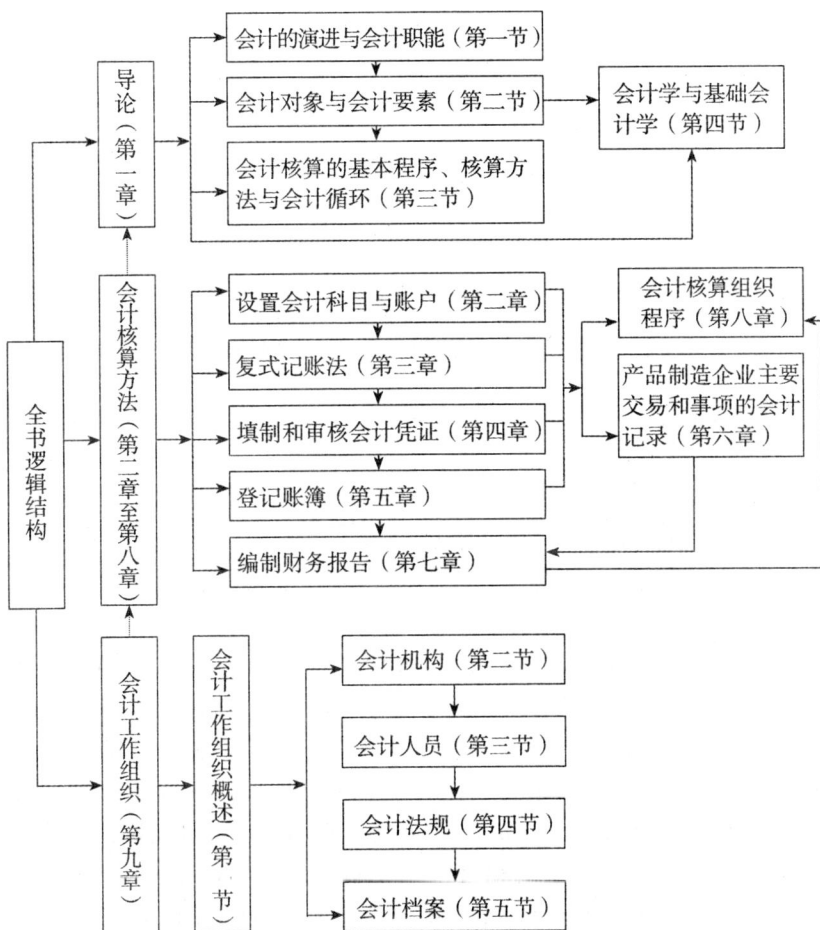

```
                          ┌──────────────────────────┐
                    ┌────→│ 会计的演进与会计职能（第一节）│
                    │     └──────────────────────────┘
        ┌──────┐    │     ┌──────────────────────────┐    ┌──────────────┐
        │ 导    │────┼────→│ 会计对象与会计要素（第二节）  │───→│ 会计学与基础会 │
        │ 论    │    │     └──────────────────────────┘    │ 计学（第四节） │
        │（第   │    │     ┌──────────────────────────┐    └──────────────┘
        │ 一    │────┴────→│ 会计核算的基本程序、核算方    │
        │ 章）  │          │ 法与会计循环（第三节）       │
        └──────┘          └──────────────────────────┘
           ↑
           ┊
        ┌──────┐          ┌──────────────────────┐      ┌──────────────┐
        │ 会    │    ┌────→│ 设置会计科目与账户（第二章）│     │ 会计核算组织   │
        │ 计    │    │     └──────────────────────┘      │ 程序（第八章） │
        │ 核    │    │     ┌──────────────────────┐      └──────────────┘
        │ 算    │    ├────→│ 复式记账法（第三章）      │      ┌──────────────┐
        │ 方    │    │     └──────────────────────┘      │ 产品制造企业主要 │
        │ 法    │────┤     ┌──────────────────────┐      │ 交易和事项的会计 │
        │（第   │    ├────→│ 填制和审核会计凭证（第四章）│     │ 记录（第六章）  │
        │ 二    │    │     └──────────────────────┘      └──────────────┘
        │ 章    │    │     ┌──────────────────────┐
        │ 至    │    ├────→│ 登记账簿（第五章）        │
        │ 第    │    │     └──────────────────────┘
        │ 八    │    │     ┌──────────────────────┐
        │ 章）  │    └────→│ 编制财务报告（第七章）     │
        └──────┘          └──────────────────────┘
           ↑
           ┊
┌──────┐ ┌──────┐ ┌──────┐          ┌──────────────────┐
│ 全    │ │ 会    │ │ 会    │    ┌────→│ 会计机构（第二节）   │
│ 书    │ │ 计    │ │ 计    │    │     └──────────────────┘
│ 逻    │ │ 工    │ │ 工    │    │     ┌──────────────────┐
│ 辑    │─│ 作    │─│ 作    │────┼────→│ 会计人员（第三节）   │
│ 结    │ │ 组    │ │ 组    │    │     └──────────────────┘
│ 构    │ │ 织    │ │ 织    │    │     ┌──────────────────┐
│      │ │（第   │ │ 概    │    ├────→│ 会计法规（第四节）   │
│      │ │ 九    │ │ 述    │    │     └──────────────────┘
│      │ │ 章）  │ │（第   │    │     ┌──────────────────┐
│      │ │      │ │ 一    │    └────→│ 会计档案（第五节）   │
│      │ │      │ │ 节）  │          └──────────────────┘
└──────┘ └──────┘ └──────┘
```

会计核算基础——导论（第一章）
会计的演进与会计职能（第一节）
会计对象与会计要素（第二节）
会计核算的基本程序、核算方法与会计循环（第三节）
会计学与基础会计学（第四节）

会计核算的组织保证—— 会计工作组织（第九章）	会计核算 （第六章） 产品制造企业 主要交易和 事项的会计 记录	会计方法——会计核算方法
会计机构（第二节）		设置会计科目与账户（第二章）
会计人员（第三节）		复式记账法（第三章）
会计法规（第四节）		填制和审核会计凭证（第四章）
会计档案（第五节）		登记账簿（第五章）
		编制财务报告（第七章）

账务处理过程——会计核算组织程序（第八章）
记账凭证核算组织程序（第二节）
科目汇总表核算组织程序（第三节）

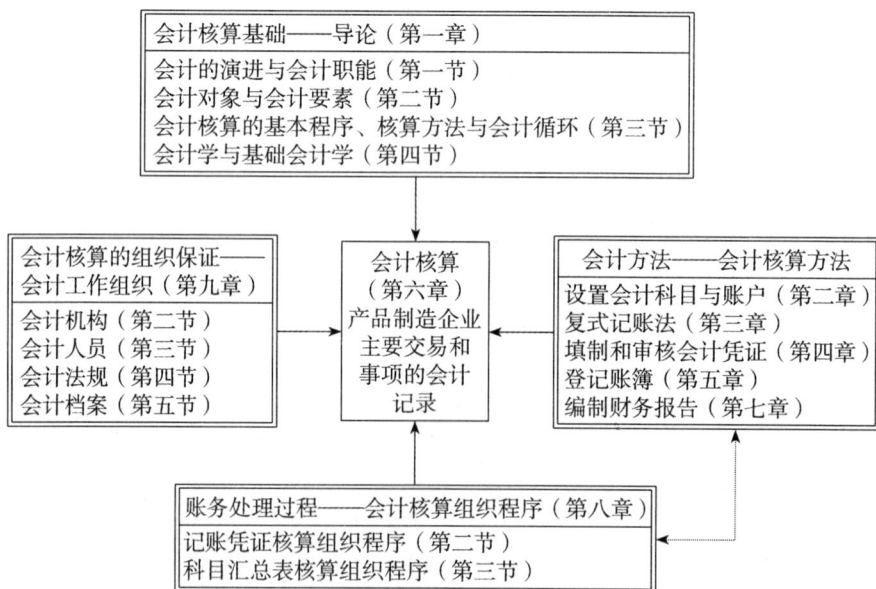

全书共九章，分为三大部分。

第一部分（也就是第一章）是导论，介绍了古代会计、近代会计、现代会计的概念，阐述了如下内容：①会计的本质——会计是一个信息系统，也是一项管理活动（第一节）。②会计能干什么，也就是会计职能——核算和管理（第二节）。③会计核算什么？管理什么？——也就是会计对象与会计要素——资产、负债、所有者权益、收入、费用、利润（第三节）。④如何核算和管理会计要素？也就是会计核算的基本程序、核算方法与会计循环（第三节）。⑤会计学是什么？它与会计本质、会计职能、会计对象有什么关系？基础会计是什么？（第四节）。

第二部分是会计核算方法。首先，阐述了五个会计核算方法中的前四个方法：设置会计科目与账户（第二章）；复式记账法（第三章）；对发生的交易或者事项，填制和审核会计凭证（第四章）；根据审核无误的会计凭证，登记账簿（第五章）。然后，将四个会计核算方法应用于会计实务——产品制造企业主要交易和事项的会计记录（第六章），编制财务报告（第七章）。在五个会计核算方法中，填制和审核会计凭证、登记账簿、编制财务报告是会计核算工作中的三个主要环节，会计凭证、会计账簿、财务报告之间相互联系，密切配合，并以一定的组织程序结合起来，构成了一个完整的会计工作体系，就是会计核算组织程序（第八章）。

第三部分（也就是第九章）是会计工作组织。为了保证会计核算工作高效、有序地进行，就必须对会计工作进行科学的组织，首先要设置会计机构，根据需要设置会计工作岗位（第二节），有了会计工作岗位，就要配备会计人员（第三节），有了会计人员，就要执行会计法规，做好会计工作（第四节），会计工作所产生的会计凭证、会计账簿、财务报告等会计核算专业资料，是记录和反映单位经济业务的重要史料和证据，它们形成了会计档案（第五节）。

初学者要对全书知识结构有一个初步的了解。基础会计学的核心是会计核算。通俗地说，就是如何记账、算账、报账。第一部分导论是会计核算的基础，第二部分是会计核算方法，也就是如何进行会计核算，第三部分会计工作组织是会计核算的保证，全书都是围绕会计核算而展开的。

基础会计学是经济学科、管理学科的共同基础课，是会计学专业、财务管理专业、审计学专业的专业基础课，也是各行业企业会计的入门与基础，基础会计学学得好与坏，直接影响到后续课程的学习。诸如中级财务会计、高级财务会计、成本会计、管理会计、财务管理、政府与非营利组织会计、审计学、电算化会计、财务报表分析等课程，都是在基础会计学的基础上进行学习的。因此，我们没有理由不学好基础会计学。

第一章

一、本章内容结构

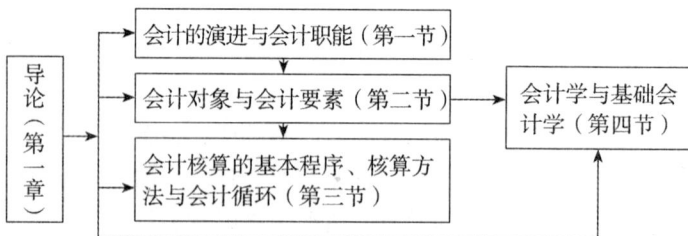

会计经历了古代会计、近代会计、现代会计三个阶段。会计的本质由计算技术和管理工具演变发展到现在的信息系统和管理活动，从而决定了会计职能——核算、管理和监督（第一节），会计职能又决定了会计对象与会计要素——资产、负债、所有者权益、收入、费用、利润（第二节）。如何对会计要素进行核算？就是执行会计核算的基本程序、运用会计核算方法（第三节）。前述会计职能、会计对象与会计要素决定了会计学与基础会计学（第四节）。

二、本章学习目的与要求

本章阐述了会计学的基本理论。目的是使初学者对会计的产生和发展、会计本质、会计含义、会计职能、会计对象、会计要素、会计核算基本程序、会计核算方法、会计学、基础会计学等基本概念和内容有一个初步认识，为以后各章的学习打下理论基础。要求初学者能够认真琢磨每一个概念，咬文嚼字，将众多概念进行对比学习，找出它们之间的异同点，初步弄懂每一个概念的含义，对会计学的基本理论有一个比较清楚的认识和把握。

三、本章重点与难点

（一）重点

1.熟悉会计学基础的相关概念，其中最重要的是会计要素中资产、负债、所有者权益、收入、费用、利润的概念及确认条件。

2.掌握会计核算方法，熟悉设置会计科目和账户、复式记账、填制和审核会计凭证、登记账簿、编制财务报告的概念。

将上述两个方面作为本章重点，是因为本书的核心是会计核算，而核算的对象就是资产、负债、所有者权益、收入、费用、利润六个会计要素，要对会计六要素进行核算，就必须依据会计法规，采用设置会计科目和账户、复式记账、填制和审核会计凭证、登记账簿、编制财务报告五个会计核算方法，开展会计工作。因此，不熟悉会计六要素，不掌握会计核算方法，就不可能做好会计工作。

（二）难点

众多概念，对于初学者来说，理解比较困难，且常常模糊不清，难以划清正确和错误界限，主要体现在以下方面：

1.对资产、负债、所有者权益、收入、费用、利润概念的理解，其确认条件的掌握。

2.广义收入与狭义收入、广义费用与狭义费用的关系。

3.营业利润（狭义利润）、利润总额（税前利润）、净利润（广义利润、税后利润）之间的联系与区别，及其与会计要素中"利润"的关系。

4.利得、损失与收入、费用的联系和区别。

5.权责发生制中对本期和非本期收入、费用的确定。

四、练习题

（一）填空题

1.会计经历了一个由简单到复杂、由低级到高级的不断发展和完善的过程，古代会计、（　　）、（　　）是会计形成、发展的三大阶段。

2.现代会计的职能应概括为核算、（　　）和（　　）三大职能。

3.会计对象就是会计所要核算、（　　）和（　　）的内容。

4.企业会计对象就是社会再生产过程中主要以货币表现的（　　），也就是企业再生产过程中的（　　）。

5.资产是指企业过去的（　　）形成的、由企业拥有或者控制的、预期会给企业带来（　　）的资源。

6.资产按其流动性不同，可分为（　　）和（　　）。

7.负债是指企业（　　）的交易或者事项形成的，预期会导致经济利益流出企业的（　　）义务。

8.负债按其流动性不同，可分为（　　）和（　　）。

9.所有者权益是指企业资产扣除（　　）后所有者享有的（　　）权益。

10.所有者权益包括实收资本、资本公积、其他综合收益和（　　）。

11.收入是指企业在（　　）中形成的、会导致所有者权益增加的、与所有者投入资本无关的（　　）的总流入。

12.收入主要包括（　　）、（　　）、投资收益和公允价值变动收益等。

13.费用是指企业日常活动中发生的、会导致（　　）减少的、与向所有者分配利润无关的（　　　）的总流出。

14.利润包括收入减去费用后的净额、直接计入当期利润的（　　　）和（　　　）等。

15.基本准则中的利得是指企业（　　　）形成的、会导致所有者权益增加的、与所有者投入资本无关的（　　　）的流入。

16.非日常活动的利得包括直接计入（　　　）的利得和直接计入（　　　）的利得。

17.基本准则中的损失是指企业非日常活动所发生的、会导致（　　　）减少的、与向所有者分配利润无关的（　　　）的流出。

18.非日常活动的损失包括直接计入（　　　）的损失和直接计入（　　　）的损失。

19.会计核算的基本程序是指会计数据（　　　）和会计信息（　　　）的程序，也就是对会计要素进行确认、计量和报告的过程。

20.会计方法包括（　　　）方法、（　　　）方法和会计监督方法。

21.会计核算方法是进行（　　　）和（　　　）所采用的方法。

22.通常将会计期间的起始日期称为（　　　），终止日期称为（　　　）。

23.会计学是人们在长期会计工作实践中总结出来的专门研究会计工作、（　　　）和（　　　）的应用学科。

24.会计学按所在行业和经营性质不同，可分为（　　　）和（　　　）。

（二）单项选择题

1.下列不属于会计要素的是（　　　）。
A.资产　　　　　　B.负债　　　　　　C.综合收益　　　　D.所有者权益

2.下列不属于会计要素的是（　　　）。
A.收入　　　　　　B.费用　　　　　　C.利润　　　　　　D.溢余

3.会计六要素中的利润是指（　　　）。
A.主营业务利润　　B.营业利润　　　　C.利润总额　　　　D.净利润

4.狭义利润是指（　　　）。
A.主营业务利润　　B.营业利润　　　　C.利润总额　　　　D.净利润

5.广义利润是指（　　　）。
A.主营业务利润　　B.营业利润　　　　C.利润总额　　　　D.净利润

6.企业非日常活动发生的、会导致所有者权益减少的、与向所有者分配利润无关的经济利益的流出是（　　　）。
A.狭义费用　　　　　　　　　　B.广义费用
C.非日常活动的损失　　　　　　D.日常活动的损失

7.企业非日常活动发生的、会导致所有者权益增加的、与所有者投入资本无关的经济利益的流入是（　　　）。
A.狭义收入　　　　　　　　　　B.广义收入
C.非日常活动的利得　　　　　　D.日常活动的利得

8.《企业会计准则——基本准则》规定，企业在对会计要素进行计量时，一般应采用（　　　）。

    A.历史成本　　　　B.重置成本　　　　C.可变现净值　　　D.公允价值

9.在对会计六要素进行初始确认的条件，"有关经济利益很可能流入或流出企业"中，"很可能"表示经济利益流入或流出的可能性在（　　　）。

    A.40%以上　　　　B.50%以上　　　　C.60%以上　　　　D.90%以上

10.确定过去的交易或者事项是否涉及会计要素，如果涉及会计要素，应作为什么会计要素加以记录和如何进行会计报告的过程，称为（　　　）。

    A.会计计量　　　　B.会计确认　　　　C.会计记录　　　　D.会计报告

11.经营成果是指企业某一会计期间（　　　）。

    A.资产总额及构成　　　　　　　　B.负债总额及构成

    C.所有者权益总额及构成　　　　　D.利润（亏损）总额及构成

12.企业会计核算基础是（　　　）。

    A.货币计量　　　B.权责发生制　　　C.会计六要素　　　D.借贷记账法

（三）多项选择题

1.会计的演变历史可以人为地划分为（　　　）。

    A.原始会计　　　　B.古代会计　　　　C.近代会计　　　　D.现代会计

    E.未来会计

2.下列属于同一含义不同说法的有（　　　）。

    A.经济业务　　　B.会计事项　　　C.交易或者事项　　　D.经营活动

    E.资金运动

3.将一项资源确认为资产，除要符合资产定义之外，还应满足（　　　）条件。

    A.与该资源有关的经济利益很可能流入企业

    B.该资源带来的经济利益的金额能够可靠地计量

    C.该资源的成本或者价值能够可靠地计量

    D.企业必须拥有或者控制该资源

    E.该资源可以是将来的交易或者事项形成的

4.将一项义务确认为负债，除要符合负债定义之外，还应满足（　　　）条件。

    A.与该义务有关的经济利益很可能流出企业

    B.该义务的成本或者价值能够可靠地计量

    C.未来流出的经济利益的金额能够可靠地计量

    D.是将来的交易或者事项形成的现时义务

    E.是过去的交易或者事项形成的潜在义务

5.所有者权益包括的内容有（　　　）。

    A.实收资本　　　B.资本公积　　　C.其他综合收益　　　D.盈余公积

    E.未分配利润

6.收入引起经济利益流入企业的结果可表现为（　　　）。

    A.费用的减少　　　B.资产的增加　　　C.负债的减少　　　D.负债的增加

E.资产的增加与负债的减少兼而有之

7.收入包括的内容有（　　　）。

A.主营业务收入　　B.其他业务收入　　C.投资收益　　　　D.预收销货款

E.公允价值变动收益

8.费用引起经济利益流出的结果可表现为（　　　）。

A.收入的减少　　　B.资产的减少　　　C.负债的增加　　　D.负债的减少

E.资产的减少与负债的增加兼而有之

9.下列属于广义费用的有（　　　）。

A.狭义费用　　　　　　　　　　　B.所得税费用

C.计入当期利润的损失　　　　　　D.计入所有者权益的损失

E.机器设备的损耗

10.下列属于流动资产的有（　　　）。

A.应收票据　　　　B.预付账款　　　C.库存商品　　　　D.委托加工物资

E.工程物资

11.下列属于非流动资产的有（　　　）。

A.固定资产　　　　　　　　　　　B.无形资产

C.持有至到期投资　　　　　　　　D.在建工程

E.交易性金融资产

12.下列属于流动负债的有（　　　）。

A.预付账款　　　　B.短期借款　　　C.预收账款　　　　D.应付股利

E.应付债券

13.下列属于非流动负债的有（　　　）。

A.专项应付款　　　B.应付债券　　　C.应付股利　　　　D.应付职工薪酬

E.预计负债

14.下列属于收入的有（　　　）。

A.主营业务收入　　B.其他业务收入　　C.投资净收益　　　D.营业外收入

E.非日常活动的利得

15.下列属于费用的有（　　　）。

A.主营业务成本　　B.其他业务成本　　C.资产减值损失　　D.销售费用

E.管理费用

16.下列属于非日常活动的利得的有（　　　）。

A.处置固定资产净收益　　　　　　B.处置无形资产净收益

C.接受捐赠财产净收益　　　　　　D.取得对外罚款收入

E.对外投资净收益

17.下列属于非日常活动的损失的有（　　　）。

A.固定资产盘亏净损失　　　　　　B.资产减值损失

C.对外投资损失　　　　　　　　　D.捐赠支出

E.非常损失

18.会计核算的基本程序包括（   ）。

A.会计预测　　　　　B.会计确认　　　　　C.会计计量　　　　　D.会计记录

E.会计报告

19.会计计量属性主要包括的内容有（   ）。

A.历史成本　　　　　B.重置成本　　　　　C.可变现净值　　　　D.现值

E.公允价值

20.会计核算方法包括（   ）。

A.设置会计科目和账户　　　　　　B.复式记账

C.填制和审核会计凭证　　　　　　D.登记账簿

E.编制财务报告

21.财务状况是指企业某一特定日期的（   ）。

A.资产总额及构成　　　　　　　　B.负债总额及构成

C.所有者权益总额及构成　　　　　D.收入总额及构成

E.费用总额及构成

（四）判断题

1.在现阶段，会计核算职能是会计的最基本职能。（   ）

2.会计核算职能、会计管理职能与会计监督职能的对象相同。（   ）

3.会计核算职能、会计管理职能与会计监督职能的侧重点不同。（   ）

4.会计核算职能、会计管理职能与会计监督职能相互独立彼此无关。（   ）

5.会计对象就是会计所要核算、管理和监督的内容。（   ）

6.会计要素是对会计对象按照交易或者事项的经济特征所作的基本分类。（   ）

7.资产按其流动性不同分为流动资产和非流动资产。（   ）

8.资产包括固定资产和流动资产两部分。（   ）

9.负债是指企业过去的交易或者事项形成的、预期会导致经济利益流出企业的潜在义务。（   ）

10.负债按其流动性不同，可分为流动负债和非流动负债。（   ）

11.流动负债是指预计在1年内（含1年）或超过1年的一个营业周期内清偿，或者主要为交易目的而持有的负债。（   ）

12.负债包括潜在的偿债义务和现时的偿债义务。（   ）

13.资产与所有者权益在数量上始终是相等的。（   ）

14.所有者权益反映的是所有者对企业的产权关系。（   ）

15.利得是指企业非日常活动形成的、会导致所有者权益增加的、与所有者投入资本无关的经济利益的流入。（   ）

16.损失是指企业非日常活动发生的、会导致所有者权益减少的、与向所有者分配利润无关的经济利益的流出。（   ）

17.利润是指净利润（广义利润）。 （ ）

18.利润是指营业利润（狭义利润）。 （ ）

19.利润是指利润总额（税前利润）。 （ ）

20.会计方法就是会计核算方法。 （ ）

21.会计核算主要是以价值量的形式，对企业已经发生的交易或者事项，进行
确认、计量、记录和报告。 （ ）

22.会计核算是会计工作的基本环节，其主要内容是核算和管理。 （ ）

23.企业的会计核算以权责发生制为基础，按实际发生的收入和费用确认企业
的收入和费用。 （ ）

24.任何流入企业的资产都可以看成是企业的收入。 （ ）

25.会计计量只有一种货币量度。 （ ）

（五）名词解释

1.现代会计

2.会计职能

（1）会计核算职能 （2）会计管理职能

3.经济业务（会计事项、交易或者事项）

4.会计对象

5.企业会计对象

6.经济利益

7.日常活动

8.会计要素

（1）资产 （2）负债

（3）所有者权益 （4）收入

（5）费用 （6）利润

（7）利得 （8）损失

（9）广义收入 （10）广义费用

（11）所得税费用

9.会计核算的基本程序

（1）会计确认 （2）会计计量

（3）会计记录 （4）会计报告

10.权责发生制

11.会计核算方法

（1）设置会计科目和账户 （2）复式记账

（3）填制和审核会计凭证 （4）登记账簿

（5）编制财务报告

12.会计循环

13.会计学

（1）会计工作　　　　　　　　（2）会计理论

（3）会计方法

14.企业会计

15.预算会计

16.基础会计学

（六）简答题

1.试述会计的核算职能及特征。

2.试述会计的管理职能及特征。

3.试述会计的监督职能及特征。

4.什么是会计要素？会计要素包括哪些具体内容？

5.试述收入的确认条件及包括的内容。

6.试述费用的确认条件及包括的内容。

7.什么是会计计量属性？会计计量属性包括哪些主要内容？

8.什么是会计核算方法？会计核算方法包括哪些内容？

（七）业务题

习题一

目的：练习会计要素的归类。

资料：某企业与会计要素有关的项目见表1-1。

表1-1　　　　　　　　　　　　**与会计要素有关的项目**

序号	项　　目	会计要素	内　　容
1	机器、设备	资产	固定资产
2	库存燃料		
3	出纳员处存放的现金		
4	存放在银行的款项		
5	企业的办公楼		
6	应收的销货款		
7	专利权		
8	应付给外单位的企业购货款		
9	从银行取得的期限在1年以内的借款		
10	从银行取得的期限在1年以上的借款		
11	应付给职工的工资		
12	完工验收入库的产成品		
13	投资者投入企业的资本		
14	销售产品取得的收入		
15	购买股票取得的股利收入		
16	应支付短期借款的利息		
17	企业行政管理部门的办公费		
18	广告费		

要求：指出上述项目所归属的会计要素及内容，直接填入表中。

习题二

目的：练习对收入、利得、费用、损失进行确认。

资料：某企业有关收入、利得、费用、损失的项目见表1-2。

表1-2　　　　　　　　**有关收入、利得、费用、损失的项目**

序　号	项　目	收　入	利　得	费　用	损　失
1	销售产品取得的收入				
2	购买债券取得的利息收入				
3	股票买卖价差利得				
4	处置固定资产取得的净收益				
5	取得罚款收入				
6	资产减值损失				
7	股票买卖价差损失				
8	办公费				
9	广告费				
10	固定资产盘亏净损失				
11	罚款支出				
12	对外捐赠支出				

要求：指出上述项目是收入、利得、费用，还是损失，在表1-2对应栏目中打上"√"。

习题三

目的：掌握狭义利润、利润、广义利润的计算公式，分清狭义利润、利润、广义利润的界限。

资料：

1.狭义利润（营业利润）。

2.利润（税前利润、利润总额）。

3.广义利润（净利润、税后利润）。

要求：写出上述有关利润的计算公式。

习题四

目的：练习"权责发生制"和"收付实现制"的确认。

资料：某企业20××年7月发生下列部分交易或者事项。

1.现销产品60 000元，款项存入银行（不考虑增值税）。

2.赊销产品84 000元（不考虑增值税）。

3.收到上月赊销的货款120 000元，存入银行。

4.收到购货单位预付购货款8 000元，存入银行，下月付货。

5.本月应付厂部水电费4 200元，下月支付。

6.以银行存款5 300元支付厂部上月水电费。

7.以银行存款1 300预交下年报刊订阅费。

8.以银行存款24 000元支付本年7—12月份财产保险费。

9.以库存现金600元购买厂部办公用品，已交付使用。

要求：分别按权责发生制和收付实现制确认企业本月收入和费用，填入表1-3中。

表1-3　　　　　　　　　企业本月收入和费用　　　　　　　　　单位：元

序　号	权责发生制		收付实现制	
	收　入	费　用	收　入	费　用
1				
2				
3				
4				
5				
6				
7				
8				
9				
合　计				

五、练习题参考答案

（一）填空题

1.近代会计；现代会计

2.管理；监督

3.管理；监督

4.经济活动；资金运动

5.交易或者事项；经济利益

6.流动资产；非流动资产

7.过去；现时

8.流动负债；非流动负债

9.负债；剩余

10.盈余公积；未分配利润

11.日常活动；经济利益

12.主营业务收入；其他业务收入

13.所有者权益；经济利益

14.利得；损失

15.非日常活动；经济利益

16.所有者权益；当期利润

17.所有者权益；经济利益

18.所有者权益；当期利润

19.处理；加工

20.会计核算；会计管理

21.会计记录；会计报告

22.会计期初；会计期末

23.会计理论；会计方法

24.营利组织会计；非营利组织会计

（二）单项选择题

1.C　2.D　3.C　4.B　5.D　6.C　7.C　8.A　9.B　10.B　11.D　12.B

（三）多项选择题

1.BCD　2.ABC　3.AC　4.AC　5.ABDE　6.BCE　7.ABCE　8.BCE　9.ABC
10.ABCD　11.ABCD　12.BCD　13.ABE　14.ABC　15.ABCDE　16.ABCD　17.ADE
18.BCDE　19.ABCDE　20.ABCDE　21.ABC

（四）判断题

1.√　2.√　3.√　4.×　5.√　6.√　7.√　8.×　9.×　10.√　11.√　12.×　13.×
14.√　15.√　16.√　17.×　18.×　19.√　20.×　21.√　22.×　23.×　24.×　25.×

（五）名词解释

1.现代会计是以货币为主要计量单位，运用一系列专门方法和技术，对特定主体的经济活动，进行连续、系统、全面的核算，为特定主体内外部经济利益相关者提供以财务信息为主的经济信息系统，并在此基础上对经济活动进行预测、决策、规划、控制、监督、分析和考评的一项经济管理活动。

2.会计职能是指会计作为一个信息系统和一项经济管理活动所具有的功能或能够发挥的作用。也就是说，会计能干什么。会计职能是会计本质的具体化。

（1）会计核算职能，又称会计反映职能，是指对企业已经发生的交易或者事项，主要以价值量的形式，进行确认、计量、记录和报告的功能。

（2）会计管理职能是指会计按照一定的目的和要求，主要利用会计核算所提供的信息，对企业的经济活动进行预测、决策、规划、控制、分析、考评和监督，使其达到预期目标的功能。

3.在会计实务中，把企业在日常活动或非日常活动中发生的，引起会计六要素增减变动的经济活动的具体内容称为经济业务，也称会计事项。经济业务包括交易和事项两类。其中，交易是指企业与其他主体之间发生的经济往来。例如，购进存货、销售商品、借入资金、对外投资等。事项是指企业内部发生的经济活动。例如，生产车间领用材料、支付工资、计提资产减值准备等。

"经济业务""会计事项""交易或者事项"一般不加区别，但依据《企业会计准则——基本准则》（见第九章第四节）的规定，通常称为"交易或者事项"。

4.会计对象就是会计所要核算和管理的内容，即会计的客体。

5.企业会计对象就是社会再生产过程中主要以货币表现的经济活动，也就是企业再生产过程中的资金运动。

6.经济利益是指直接或间接地流入企业的现金或现金等价物。

7.日常活动是指企业为完成其经营目标所从事的经常性活动以及与之相关的活动。

8.会计要素是指对企业会计对象按照交易或者事项的经济特征所作的基本分类。

（1）资产是指企业过去的交易或者事项形成的、由企业拥有或者控制的、预期会给企业带来经济利益的资源。

（2）负债是指企业过去的交易或者事项形成的、预期会导致经济利益流出企业的现时义务。

（3）所有者权益是指企业资产扣除负债后所有者享有的剩余权益，即计算公式为：

所有者权益=资产-负债

公司所有者权益又称为股东权益。

（4）收入是指企业在日常活动中形成的、会导致所有者权益增加的、与所有者投入资本无关的经济利益的总流入。

（5）费用是指企业日常活动中发生的、会导致所有者权益减少的、与向所有者分配利润无关的经济利益的总流出。

（6）利润是指一定会计期间的经营成果。

（7）利得是指由企业非日常活动形成的、会导致所有者权益增加的、与所有者投入资本无关的经济利益的流入，包括直接计入所有者权益的利得和直接计入当期利润的利得。

（8）损失是指由于企业非日常活动所发生的、会导致所有者权益减少的、与向所有者分配利润无关的经济利益的流出，包括直接计入所有者权益的损失和直接计入当期利润的损失。

（9）广义收入是指收入和计入当期利润的利得。

（10）广义费用是指费用、计入当期利润的损失、所得税费用。

（11）所得税费用是指企业确认的应当从当期利润总额中扣除的按税法规定向国家缴纳的所得税，作为计入当期损益的一项费用。

9.会计核算的基本程序是指会计数据处理与会计信息加工的程序，也就是对会计要素进行确认、计量、记录和报告的过程。

（1）会计确认是指确定过去的交易或者事项是否涉及会计要素，如果涉及会计要素，应作为什么会计要素加以记录和如何进行报告的过程。

（2）会计计量是指将符合确认条件的会计要素登记入账并列报于会计报表及附注而确定其金额的过程。

（3）会计记录就是在对过去的交易或者事项进行确认、计量的基础上，将涉及的全部会计要素，进一步细分为会计科目，按复式记账的要求，填制、审核会计凭证，登记账簿的过程。

（4）会计报告，即指财务报告，是指企业对外提供的反映企业某一特定日期的财务状况和某一会计期间的经营成果、现金流量等会计信息的文件。

10.权责发生制就是对于收入和费用，不论是否有款项的收付，按其是否影响各会计期间经营成果的受益情况，确定其归属期。就是说，凡属本期的收入，不管其款项是否收到，都应作为本期收入；凡属本期应当负担的费用，不管其款项是否付出，都应作为本期费用。反之，凡不归属本期的收入，即使款项已经收妥，也不能作为本期收入；凡不应归属本期的费用，即使款项已经付出，也不能作为本期费用。

11.会计核算方法是进行会计记录和会计报告所采用的方法。会计核算方法是会计方法中最基本、最主要的方法，也是会计管理方法的基础，主要包括设置会计科目和账户、复式记账、填制和审核会计凭证、登记账簿、编制财务报告。

（1）设置会计科目和账户就是对会计对象的具体内容——会计六要素，规定分类核算的会计科目，以便于在账簿中据以开设账户，进行会计核算的一种专门方法。

（2）复式记账也称复式记账法，就是对企业应该入账的每一笔交易或者事项，都要以相等的金额，同时在两个或两个以上的相关账户中进行记录的一种专门记账方法。

（3）填制和审核会计凭证是指为了审查交易或者事项是否合法、合规，保证账簿记录真实、可靠，对发生的每一笔交易或者事项，为取得发生或完成的"凭据"和登记账簿的依据，而采用的一种专门核算方法。

（4）登记账簿就是以审核无误的会计凭证为依据，将交易或者事项按照其发生的顺序，分门别类地记入有关账簿。

（5）编制财务报告是指以书面报告的形式定期地、总括地反映企业某一特定日期的财务状况和某一会计期间的经营成果、现金流量等会计信息所采用的专门核算方法。

12.会计循环是指会计人员在一定会计期间内，从取得企业发生的交易或者事项的原始凭证开始，到编制出财务报告为止，运用会计核算基本程序、会计核算方法，按一定顺序进行依次继起、周而复始的核算过程。

13.会计学就是人们在长期会计工作实践中总结出来的专门研究会计工作、会计理论和会计方法的应用性学科。

（1）会计工作是指利用会计知识和技能，从事提供会计信息，进行会计管理的一项脑力劳动，既包括会计应该做什么，也包括会计劳动过程。

（2）会计理论是指在会计实践中概括出来的关于会计知识的有系统的结论，是概念、原理的体系，是系统化了的理性认识。

（3）会计方法是会计职能的具体化，是进行会计核算、实行会计管理所采用的各种技术手段和方式。

14.企业会计是指以经营获利为目的的营利组织的会计。

15.预算会计，即不是以经营获利为目的的非营利组织的会计。

16.基础会计学是研究各行业企业会计共同适用的基本理论、核算方法及工作组织的一门应用性极强的会计学基础课。它是经济学科、管理学科的共同基础课，是会计专业、财务管理专业、审计专业的专业基础课，也是各行业企业会计的入门与基础。

（六）简答题

1.试述会计核算职能及特征。

答：会计核算职能又称会计的反映职能，是指对企业已经发生的交易或者事项，主要以价值量的形式，进行确认、计量和报告的功能。至少在现阶段，会计核算职能是会计的最基本职能。会计核算具有以下特征：

（1）会计核算主要是对已经发生的交易或者事项，以有关凭证为依据所进行的事后反映。

（2）会计核算主要从价值量上反映企业会计"六要素"增减变动及结存情况。

（3）会计核算具有连续性、系统性、全面性。

2.试述会计管理职能及特征。

答：会计管理职能是指会计按照一定的目的和要求，主要利用会计核算所提供的信息，对企业的经济活动进行预测、决策、规划、控制、分析、考评和监督，使其达到预期目标的功能。会计管理具有以下特征：

（1）会计管理的内容包括预测经济前景、参与经济决策、规划经济目标、控制经营过程、分析经济状况、考评经营业绩和实施会计监督。（有关概念在后续课程中学习）

（2）会计管理包括事前、事中、事后的管理。事前管理是指预测经济前景，参与经济决策，规划经济目标；事中管理是指控制经营过程；事后管理是指分析经济状况，考评经营业绩。实施会计监督是对经济活动全过程进行的会计管理，主要是对企业的交易或者事项和会计核算的合法性、合规性，进行事前、事中、事后的检查和督促。

（3）会计管理主要是利用会计核算职能提供的价值指标进行的价值管理，即利用资产、负债、所有者权益、收入、费用、利润等价值指标，组织、管理企业的经济活动。

3.试述会计监督职能及特征。

答：会计监督职能是指对企业的经济活动的真实性、合法性、合理性、合规性或风险性进行评估、检查、督促和审计的功能。会计监督具有强制性和严肃性。会计监督具有以下特征：

（1）会计监督包括事前、事中和事后监督。所谓事前监督，就是在经济活动还没有进行之前，就对经济活动的合法性、合理性、合规性或风险性进行的评估；事中监督，是指在经济活动进行中，对经济活动的合理性、合法性、合规性或风险性进行的检查与督促；事后监督，是指在经济活动结束后，对经济活动的真实性、合法性、合规性、完整性、正确性进行的审计。

（2）会计监督是以会计法律规范为依据的监督。这里的会计法律规范是指国家权力机关和行政机关制定的，用以调整会计关系的各种法律、法规、规章等规范性文件的总称。实施会计监督时，凡是不符合会计法律规范的经济活动，都要加以限制或制止。

（3）会计监督主要是对会计核算职能和会计管理职能提供的"价值"指标所进行的监督。会计监督的核心是保证会计核算真实、合法、合理、合规、完整、正确；会计管理合法、合理、合规。

4.什么是会计要素？会计要素包括哪些具体内容？

答：会计要素是指对企业会计对象按照交易或者事项的经济特征所作的基本分类。会计要素包括资产、负债、所有者权益、收入、费用和利润，分述如下：

（1）资产是指企业过去的交易或者事项形成的、由企业拥有或者控制的、预期会给企业带来经济利益的资源。

（2）负债是指企业过去的交易或者事项形成的、预期会导致经济利益流出企业的现时义务。

（3）所有者权益是指企业资产扣除负债后，所有者享有的剩余权益，即计算公式为：

所有者权益=资产−负债

公司的所有者权益又称为股东权益。

（4）收入是指企业在日常活动中形成的、会导致所有者权益增加的、与所有者投入资本无关的经济利益的总流入。

（5）费用是指企业日常活动中发生的、会导致所有者权益减少的、与向所有者分配利润无关的经济利益的总流出。

（6）利润是指一定会计期间的经营成果。利润包括收入减去费用后的净额、直接计入当期利润的利得和损失等。

5.试述收入的确认条件及包括的内容。

答：收入确认的条件如下：

（1）与收入相关的经济利益很可能流入企业。

（2）经济利益流入企业的结果表现为企业资产的增加，或负债的减少，或二者兼而有之。

（3）经济利益的流入额能够可靠计量。

收入主要包括主营业务收入、其他业务收入、投资收益和"公允价值变动损益"中的净收益等。

6.试述费用的确认条件及包括的内容。

答：费用的确认条件如下：

（1）与费用相关的经济利益很可能流出企业。

（2）经济利益流出的结果表现为资产的减少，或负债的增加，或二者兼而有之。

（3）经济利益的流出额能够可靠计量。

费用主要包括主营业务成本、其他业务成本、税金及附加、销售费用、管理费用、财务费用、资产减值损失、"公允价值变动损益"中的净损失、投资损失等。

7.什么是会计计量属性？会计计量属性包括哪些主要内容？

答：计量属性是指所计量的某一要素的特性，如桌子的长度，铁矿的重量，楼房的面积等。从会计角度看，计量属性是指会计要素金额的确定基础。例如，一台机器可以当初取得时的实际价格（历史成本）作为其金额，还可以现在购买同样机器的价格（重置成本）作为其金额，还可以现在出售它的售价（可变现净值）作为其金额，等等。这些都可以作为该台机器（固定资产）金额的确定基础。

《企业会计准则——基本准则》规定的会计计量属性主要包括历史成本、重置成本、可变现净值、现值和公允价值。

8.什么是会计核算方法？会计核算方法包括哪些内容？

答：会计核算方法是进行会计记录和会计报告所采用的方法。会计核算方法是会计方法中最基本、最主要的方法，也是会计管理方法的基础。

会计核算方法包括设置会计科目和账户、复式记账、填制和审核会计凭证、登记账簿、编制财务报告。

（七）业务题

习题一

解：各项目所归属的会计要素及内容见表1-4。

表1-4   **各项目所归属的会计要素及内容**

序 号	项 目	会计要素	内 容
1	机器、设备	资产	固定资产
2	库存燃料	资产	原材料
3	出纳员处存放的现金	资产	库存现金
4	存放在银行的款项	资产	银行存款
5	企业的办公楼	资产	固定资产
6	应收的销货款	资产	应收账款
7	专利权	资产	无形资产
8	应付给外单位的企业购货款	负债	应付账款
9	从银行取得的期限在1年以内的借款	负债	短期借款
10	从银行取得的期限在1年以上的借款	负债	长期借款
11	应付给职工的工资	负债	应付职工薪酬
12	完工验收入库的产成品	资产	库存商品
13	投资者投入企业的资本	所有者权益	实收资本
14	销售产品取得的收入	收入	主营业务收入
15	购买股票取得的股利收入	收入	投资收益
16	应支付短期借款的利息	负债	应付利息
17	企业行政管理部门的办公费	费用	管理费用
18	广告费	费用	销售费用

习题二

解：对收入、利得、费用、损失的确认见表1-5。

表 1-5　　　　　　　对收入、利得、费用、损失的确认

序　号	项　目	收　入	利　得	费　用	损　失
1	销售产品取得的收入	√			
2	购买债券取得的利息收入	√			
3	股票买卖价差利得	√			
4	处置固定资产取得的净收益		√		
5	取得罚款收入		√		
6	资产减值损失			√	
7	股票买卖价差损失			√	
8	办公费			√	
9	广告费			√	
10	固定资产盘亏净损失				√
11	罚款支出				√
12	对外捐赠支出				√

习题三

解：（1）$\dfrac{\text{狭义利润}}{(\text{营业利润})} = \dfrac{\text{狭义}}{\text{收入}} - \dfrac{\text{狭义}}{\text{费用}}$

$$= \left(\begin{array}{c}\text{主营}\\\text{业务}\\\text{收入}\end{array} + \begin{array}{c}\text{其他}\\\text{业务}\\\text{收入}\end{array} + \begin{array}{c}\text{投资}\\\text{净收益}\end{array} + \begin{array}{c}\text{公允价值}\\\text{变动损益中}\\\text{的收益}\end{array}\right) - \left(\begin{array}{c}\text{主营}\\\text{业务}\\\text{成本}\end{array} + \begin{array}{c}\text{其他}\\\text{业务}\\\text{成本}\end{array} + \right.$$

$$\left.\begin{array}{c}\text{税金}\\\text{及附加}\end{array} + \begin{array}{c}\text{销售}\\\text{费用}\end{array} + \begin{array}{c}\text{管理}\\\text{费用}\end{array} + \begin{array}{c}\text{财务}\\\text{费用}\end{array} + \begin{array}{c}\text{资产}\\\text{减值}\\\text{损失}\end{array} + \begin{array}{c}\text{投资}\\\text{净损失}\end{array} + \begin{array}{c}\text{公允价值}\\\text{变动损益中}\\\text{的损失}\end{array}\right)$$

（2）$\dfrac{\text{利润}}{\left(\begin{array}{c}\text{税前利润、}\\\text{利润总额}\end{array}\right)} = \dfrac{\text{狭义}}{\text{利润}} + \dfrac{\text{营业外}}{\text{收支净额}}$

$$= \left(\begin{array}{c}\text{主营}\\\text{业务}\\\text{收入}\end{array} + \begin{array}{c}\text{其他}\\\text{业务}\\\text{收入}\end{array} + \begin{array}{c}\text{投资}\\\text{净收益}\end{array} + \begin{array}{c}\text{公允价值}\\\text{变动损益中}\\\text{的收益}\end{array}\right) - \left(\begin{array}{c}\text{主营}\\\text{业务}\\\text{成本}\end{array} + \begin{array}{c}\text{其他}\\\text{业务}\\\text{成本}\end{array} + \begin{array}{c}\text{税金}\\\text{及附加}\end{array} + \begin{array}{c}\text{销售}\\\text{费用}\end{array} + \right.$$

$$\left.\begin{array}{c}\text{管理}\\\text{费用}\end{array} + \begin{array}{c}\text{财务}\\\text{费用}\end{array} + \begin{array}{c}\text{资产}\\\text{减值}\\\text{损失}\end{array} + \begin{array}{c}\text{投资}\\\text{净损失}\end{array} + \begin{array}{c}\text{公允价值}\\\text{变动损益中}\\\text{的损失}\end{array}\right) + \begin{array}{c}\text{营业外}\\\text{收入}\end{array} - \begin{array}{c}\text{营业外}\\\text{支出}\end{array}$$

$$= \left(\begin{array}{c}\text{主营}\\\text{业务}\\\text{收入}\end{array} + \begin{array}{c}\text{其他}\\\text{业务}\\\text{收入}\end{array} + \begin{array}{c}\text{投资}\\\text{净收益}\end{array} + \begin{array}{c}\text{公允价值}\\\text{变动损益中}\\\text{的收益}\end{array} + \begin{array}{c}\text{营业外}\\\text{收入}\end{array}\right) - \left(\begin{array}{c}\text{主营}\\\text{业务}\\\text{成本}\end{array} + \begin{array}{c}\text{其他}\\\text{业务}\\\text{成本}\end{array} + \right.$$

$$\left.\begin{array}{c}\text{税金}\\\text{及附加}\end{array} + \begin{array}{c}\text{销售}\\\text{费用}\end{array} + \begin{array}{c}\text{管理}\\\text{费用}\end{array} + \begin{array}{c}\text{财务}\\\text{费用}\end{array} + \begin{array}{c}\text{资产}\\\text{减值}\\\text{损失}\end{array} + \begin{array}{c}\text{投资}\\\text{净损失}\end{array} + \begin{array}{c}\text{公允价值}\\\text{变动损益中}\\\text{的损失}\end{array} + \begin{array}{c}\text{营业外}\\\text{支出}\end{array}\right)$$

$$(3)\ \begin{pmatrix} 广义利润 \\ 净利润、 \\ 税后利润 \end{pmatrix} = 利润 - 所得税费用$$

$$= \left(\begin{matrix} 主营 \\ 业务 \\ 收入 \end{matrix} + \begin{matrix} 其他 \\ 业务 \\ 收入 \end{matrix} + \begin{matrix} 投资 \\ 净收益 \end{matrix} + \begin{matrix} 公允价值 \\ 变动损益中 \\ 的收益 \end{matrix} + \begin{matrix} 营业外 \\ 收入 \end{matrix} \right) - \left(\begin{matrix} 主营 \\ 业务 \\ 成本 \end{matrix} + \begin{matrix} 其他 \\ 业务 \\ 成本 \end{matrix} + \begin{matrix} 税金 \\ 及附加 \end{matrix} + \right.$$

$$\left. \begin{matrix} 销售 \\ 费用 \end{matrix} + \begin{matrix} 管理 \\ 费用 \end{matrix} + \begin{matrix} 财务 \\ 费用 \end{matrix} + \begin{matrix} 资产 \\ 减值 \\ 损失 \end{matrix} + \begin{matrix} 投资 \\ 净损失 \end{matrix} + \begin{matrix} 公允价值 \\ 变动损益中 \\ 的损失 \end{matrix} + \begin{matrix} 营业外 \\ 支出 \end{matrix} \right) - 所得税费用$$

$$= \left(\begin{matrix} 主营 \\ 业务 \\ 收入 \end{matrix} + \begin{matrix} 其他 \\ 业务 \\ 收入 \end{matrix} + \begin{matrix} 投资 \\ 净收益 \end{matrix} + \begin{matrix} 公允价值 \\ 变动损益中 \\ 的收益 \end{matrix} + \begin{matrix} 营业外 \\ 收入 \end{matrix} \right) - \left(\begin{matrix} 主营 \\ 业务 \\ 成本 \end{matrix} + \begin{matrix} 其他 \\ 业务 \\ 成本 \end{matrix} + \begin{matrix} 税金 \\ 及附加 \end{matrix} + \right.$$

$$\left. \begin{matrix} 销售 \\ 费用 \end{matrix} + \begin{matrix} 管理 \\ 费用 \end{matrix} + \begin{matrix} 财务 \\ 费用 \end{matrix} + \begin{matrix} 资产 \\ 减值 \\ 损失 \end{matrix} + \begin{matrix} 投资 \\ 净损失 \end{matrix} + \begin{matrix} 公允价值 \\ 变动损益中 \\ 的损失 \end{matrix} + \begin{matrix} 营业外 \\ 支出 \end{matrix} + 所得税费用 \right)$$

$$= 广义收入 - 广义费用$$

习题四

解：企业本月收入和费用见表1-6。

表1-6　　　　　　　　　　　**企业本月收入和费用**　　　　　　　　　　单位：元

序　号	权责发生制		收付实现制	
	收　入	费　用	收　入	费　用
1	60 000		60 000	
2	84 000		—	
3	—		120 000	
4	—		8 000	
5		4 200		—
6		—		5 300
7		—		1 300
8		4 000		24 000
9		600		600
合　计	144 000	8 800	188 000	31 200

设置会计科目与账户

一、本章内容结构

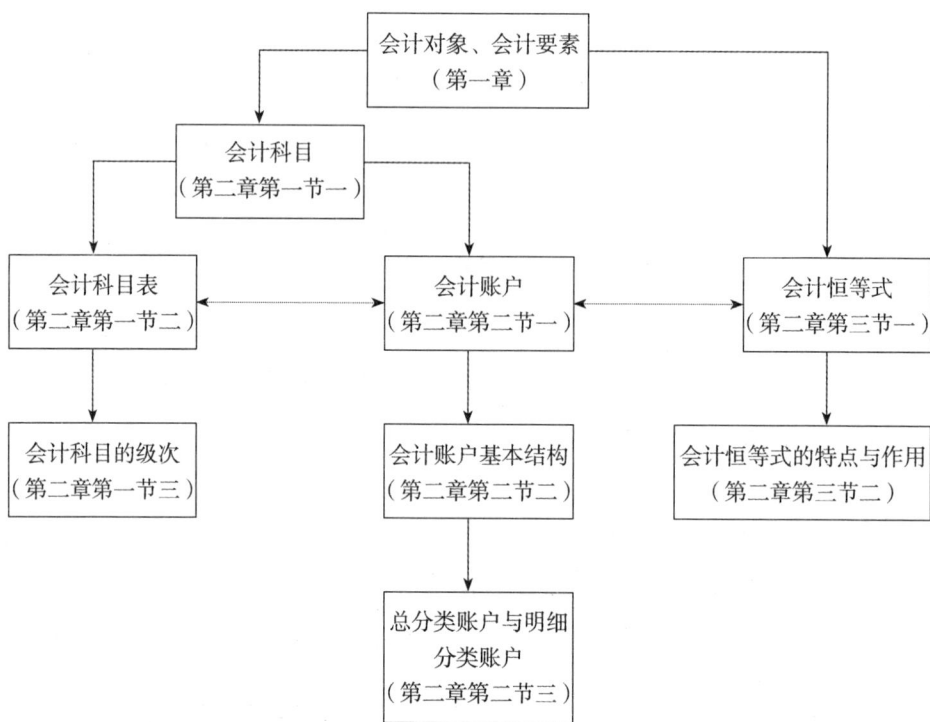

```
                    会计对象、会计要素
                      （第一章）
                          │
          ┌───────────────┼───────────────────────┐
          │           会计科目                      │
          │        （第二章第一节一）                │
          │               │                         │
    ┌─────┴────┐    ┌──────┴──────┐         ┌───────┴──────┐
  会计科目表      会计账户           会计恒等式
 （第二章第一节二）（第二章第二节一）   （第二章第三节一）
      │               │                         │
 ┌────┴────┐    ┌──────┴──────┐         ┌───────┴──────┐
 会计科目的级次   会计账户基本结构        会计恒等式的特点与作用
（第二章第一节三）（第二章第二节二）      （第二章第三节二）
                      │
               ┌──────┴──────┐
              总分类账户与明细
                分类账户
             （第二章第二节三）
```

将第一章中介绍的会计要素，按其内部性质和经济管理的具体要求，进一步分类为具体项目，就是会计科目。企业使用的会计科目按其经济内容可以列成会计科目表。根据需要，企业可以对会计科目再进一步分类，形成会计科目的不同级次。要对企业发生的交易或者事项进行连续、系统的记录，就要根据会计科目设置账户，任何一个账户都要具备基本结构，并和会计科目一样进行分级，形成明细分类账户。各个会计账户记录的金额必须满足确定的数量关系，就是会计恒等式。会计科目与会计账户是一一对应的，而会计账户登记的金额满足会计恒等式确定的数量关系。

二、本章学习目的与要求

本章阐述了会计科目、会计账户、会计恒等式三部分内容。目的是使初学者掌握第一个会计核算方法——设置会计科目与账户，掌握设置会计科目与账户、复式记账、编制财务报表的理论基础——会计恒等式。要求初学者在理解会计科目和会计账户概念的基础上，掌握会计科目与会计账户的联系与区别，熟记会计科目表中47个会计科目（账户），理解存量会计恒等式和增量会计恒等式的含义以及二者之间的关系、会计恒等式的作用。

三、本章重点与难点

（一）重点

本章重点是熟记会计科目表，其重要性表现在以下方面：

1.会计科目表是本书进行会计核算涉及的全部会计科目。

2.会计科目表是账户分类的依据。

3.会计科目表是编制财务报表的基础。

4.会计科目表是学习中级财务会计的基础。

将上述内容作为本章重点，是因为会计科目表的应用几乎贯穿全书。可以这样说，不熟记会计科目表，就学不好基础会计学。

（二）难点

对会计恒等式的理解、掌握和运用。

（1）存量会计恒等式：

资产+广义费用=负债+所有者权益+广义收入

（2）增量会计恒等式：

Δ资产+Δ广义费用=Δ负债+Δ所有者权益+Δ广义收入

（3）存量会计恒等式与增量会计恒等式的关系：

变动后的存量会计恒等式=原存量会计恒等式+增量会计恒等式

如果从会计期间的角度来考虑，上述数量等式就变为：

期末存量会计恒等式=期初存量会计恒等式+本期增量会计恒等式

四、练习题

（一）填空题

1.会计科目就是对会计对象的具体内容——（   ），按其内部性质和经济管理的具体要求，进一步分类的（   ）。

2.会计账户是根据（   ）开设的，会计账户是对（   ）进一步分类核算的工具。

3.会计科目与会计账户的联系主要是（   ）和（   ）。

4.会计恒等式按与存量和增量的关系分为（   ）和（   ）。

5.会计期末，存量会计恒等式与增量会计恒等式的关系是：期末存量会计恒等式=（　　　）+（　　　）。

（二）单项选择题

1.对会计对象的具体内容，按其内部性质和经济管理的具体要求，进一步分类的具体项目，称为（　　　）。

A.会计要素　　　　B.会计科目　　　　C.会计账户　　　　D.以上都不是

2.会计科目与会计账户的联系主要是（　　　）。

A.作用相同　　　　B.结构相同　　　　C.内容相同　　　　D.含义相同

3.如果应收账款账户期初余额是80 000元，本期增加应收账款200 000元，收回应收账款70 000元，则应收账款期末余额是（　　　）元。

A.210 000　　　　B.190 000　　　　C.50 000　　　　D.10 000

4.下列属于总分类账户与明细分类账户区别的是（　　　）。

A.核算内容不同　　　　　　　　B.登记依据不同

C.登记期间不同　　　　　　　　D.作用不同

5.下列不存在的交易或者事项是（　　　）。

A.一项资产增加，一项所有者权益增加

B.一项资产减少，一项负债减少

C.一项负债增加，另一项负债减少

D.一项负债增加，一项所有者权益增加

6.下列各项中，不构成会计恒等式的是（　　　）。

A.资产=权益

B.资产=负债+所有者权益

C.资产+广义费用=负债+所有者权益+广义收入

D.收入−费用=利润

7.下列各项中，作为开设账户依据的是（　　　）。

A.会计准则　　　　B.会计要素　　　　C.会计科目　　　　D.财务报表

8.下列交易或者事项引起资产一增一减的是（　　　）。

A.以银行存款购买设备

B.以银行存款归还长期借款

C.赊购材料

D.以银行存款支付行政管理部门水电费

（三）多项选择题

1.设置会计科目的原则包括（　　　）。

A.完整性　　　　B.互斥性　　　　C.适用性　　　　D.可比性

E.简明性

2.企业在不违反《企业会计准则——基本准则》中确认、计量和报告的前提下，可以根据本单位的实际情况，对应用指南中的162个会计科目（　　　）。

A.分拆　　　　　　B.合并　　　　　　C.增设　　　　　D.不设某些科目

E.以上均不可以

3.会计科目可以分为（　　　）。

A.一级科目　　　B.二级科目　　　　C.三级科目　　　D.四级科目

E.五级科目

4.账户结构中的账户格式内容一般应包括（　　　）。

A.账户名称　　　B.登记账簿日期　　C.凭证号数　　　D.摘要

E.增加、减少金额及余额

5.下列各项中，体现账户特点的有（　　　）。

A.按相反方向记录增加额和减少额

B.账户的余额一般在账户的增加方

C.期初余额与上期期末余额一般在同一方向

D.本期期初余额就是上期期末余额

E.本期期末余额就是下期期初余额

6.总分类账户与明细分类账户的联系表现在（　　　）。

A.核算内容相同　　　　　　　　B.登账依据相同

C.账户余额相同　　　　　　　　D.登记期间相同

E.登记方向相同

7.总分类账户与明细分类账户的区别表现在（　　　）。

A.核算内容的详细程度不同　　　B.作用不同

C.提供的数据指标可能不同　　　D.登记方法可能不同

E.登账的依据不同

8.下列不可能存在的交易或者事项有（　　　）。

A.一项资产增加，一项负债减少

B.一项资产增加，一项所有者权益减少

C.一项资产增加，一项费用增加

D.一项费用增加，一项收入减少

E.一项资产增加，一项所有者权益增加

9.会计恒等式的作用包括（　　　）。

A.有助于掌握交易或者事项的类型

B.揭示了所有交易和事项的内在规律

C.是复式记账的理论基础

D.是编制资产负债表的理论基础

E.是登记账簿的理论基础

10.由于收入引起经济利益的总流入，流入结果表现为（　　　）。

A.资产的增加　　　　　　　　B.负债的减少

C.所有者权益的增加　　　　　D.资产的减少

E.负债的增加

11.由于费用引起经济利益的总流出，会导致（   ）。

A.资产的增加　　　　　　　　B.负债的减少

C.所有者权益的增加　　　　　D.资产的减少

E.负债的增加

12.下列交易或者事项中，会引起会计恒等式两边同时发生增减变动的有（   ）。

A.用银行存款归还短期借款

B.赊购材料

C.向银行借款存入银行

D.从银行提取现金

E.对外赊销商品

13.下列交易或者事项中，只引起会计恒等式一边增减变动的有（   ）。

A.用银行存款购买设备

B.将现金存入银行

C.以银行存款支付行政管理部门水电费

D.用银行存款归还长期借款

E.对外赊销商品

（四）判断题

1.会计科目是对会计对象的具体内容进一步分类的具体项目。　　　（　　）

2.会计科目只能分为一级科目、二级科目和三级科目。　　　（　　）

3.在会计实务中，账户依附于会计账簿，每一个账户只表现为账簿中的某张或某些账页。　　　（　　）

4.由于会计科目与会计账户名称相同、内容相同，在会计实务中将其互相通用，不加区别。　　　（　　）

5.账户的余额一般在账户的增加方。　　　（　　）

6.会计账户是根据会计科目开设的，有什么会计科目就有什么会计账户。　　　（　　）

7.会计科目与会计账户的主要区别是内容不同、作用不同。　　　（　　）

8.总分类账户与其所属明细分类账户必须在同一时间登记。　　　（　　）

9.本期期末余额−本期期初余额=本期增加发生额−本期减少发生额。　　　（　　）

10.会计科目与账户内容相同、结构相同。　　　（　　）

11.一项资产增加，一项负债减少的交易或者事项是不可能存在的。　　　（　　）

12.一项负债增加，一项所有者权益增加的交易或者事项是不可能存在的。　　　（　　）

13.一项资产增加，一项收入增加的交易或者事项是不可能存在的。　　　（　　）

14.一项资产减少，一项费用增加的交易或者事项是不可能存在的。　　　（　　）

15.一项收入增加，一项费用减少的交易或者事项是不可能存在的。　　（　　）

16.无论发生什么样的交易或者事项，会计恒等式都永远成立。　　（　　）

17.发生的每一笔交易或者事项，都要引起两个或两个以上的账户同时发生增减变化。　　（　　）

（五）名词解释

1.会计科目　　　　　　　　　　2.一级科目

3.二级科目　　　　　　　　　　4.会计账户

5.账户结构　　　　　　　　　　6.总分类账户

7.明细分类账户　　　　　　　　8.会计恒等式

9.存量会计恒等式　　　　　　　10.增量会计恒等式

（六）简答题

1.企业设置的会计科目是否必须按照应用指南中的162个会计科目设置？

2.企业设置的会计科目是否必须分为三级？

3.试述会计科目与会计账户的关系。

4.试述总分类账户与明细分类账户的联系与区别。

5.试述会计恒等式的作用。

（七）业务题

习题一

目的：练习会计要素的分类。

资料：某企业与会计要素有关的项目见表2-1。

表2-1　　　　　　　　　　　　**该企业与会计要素有关的项目**

序　号	项　目	会计科目	会计要素
1	房屋及建筑物		
2	机器设备		
3	运输汽车		
4	库存生产用钢材		
5	完工验收入库的产成品		
6	存放在银行的款项		
7	由出纳员保管的现金		
8	应收某厂购买企业产品的货款		
9	从银行借入的不超过1年的借款		
10	应付购买某厂材料的货款		
11	欠缴的税金		
12	销售产品取得的收入		

续表

序　号	项　目	会计科目	会计要素
13	购买股票取得的股利收入		
14	所有者投入企业的资本		
15	应付所有者的股利		
16	为销售产品支付的广告费用		
17	支付行政管理部门的办公费用		
18	借入短期借款应支付的利息		
19	从银行借入的超过1年的借款		
20	应付给职工的工资		
21	专利权		
22	尚未完工的建筑工程		

要求：写出上述项目所归属的会计科目和会计要素，填入表2-1中。

习题二

目的：分析交易或者事项的类型。

资料：某企业发生的交易或者事项见表2-2。

表2-2　　　　　　　　　　该企业发生的交易或者事项

序　号	交易或者事项	类　型
1	现购材料（不考虑增值税）	一项资产增加，另一项资产减少
2	用银行存款偿还前欠A单位购货款	
3	用银行存款支付行政管理部门水电费	
4	向银行借入长期借款存入银行	
5	收到投资者投入的设备	
6	将盈余公积转增资本	
7	将应付票据转为应付账款	
8	将企业长期借款转为债权人对企业的投资	
9	销售产品取得收入存入银行（不考虑增值税）	
10	用银行存款支付广告费	
11	用银行存款缴纳所得税	

要求：将上述交易或者事项的类型填入表2-2中。

习题三

目的：验证存量会计恒等式、增量会计恒等式以及二者之间的关系。

资料：假设A企业20××年8月31日资产、负债、所有者权益情况见表2-3。

表2-3 资产、负债、所有者权益情况表 单位：元

资 产	金 额	负债及所有者权益	金 额
银行存款	600 000	短期借款	500 000
应收账款	80 000	应付账款	120 000
原材料	120 000	实收资本	880 000
固定资产	1 000 000	资本公积	300 000
合 计	1 800 000	合 计	1 800 000

20××年9月发生下列交易和事项：

1.以银行存款2 000元购买行政管理部门办公用品，并交付使用。

2.赊销产品12 000元（不考虑增值税）。

3.将资本公积金200 000元转为实收资本。

4.赊购原材料120 000元（不考虑增值税），原材料已验收入库。

5.用银行存款归还短期借款100 000元。

要求：

1.计算并验证本期增量会计恒等式。

2.计算并验证期末存量会计恒等式。

3.计算并验证期末存量会计恒等式=期初存量会计恒等式+本期增量会计恒等式。

习题四

目的：练习运用会计恒等式中资产与负债、所有者权益之间的数量关系。

资料：假设某企业20××年8月31日资产、负债、所有者权益情况见表2-4。

表2-4 资产、负债、所有者权益情况 单位：元

资 产	金 额	负债及所有者权益	金 额
库存现金	3 000	短期借款	30 000
银行存款	81 000	应付账款	96 000
应收账款	105 000	应付职工薪酬	27 000
原材料	156 000	应交税费	B
库存商品	A	实收资本	720 000
固定资产	600 000	资本公积	69 000
合 计	1 125 000	合 计	C

要求：计算表2-4中的A、B、C，并填入表2-4中。

习题五

目的：练习运用账户本期期初余额、本期增加发生额、本期减少发生额、本期期末余额四者之间的数量关系。

辅导与练习

资料：假设某企业20××年8月31日部分账户的本期期初余额、本期增加发生额、本期减少发生额、本期期末余额有关资料见表2-5。

表2-5　　　　　　　　　　某企业部分账户有关资料　　　　　　　　单位：元

账户名称	期初余额	本期增加发生额	本期减少发生额	期末余额
库存现金	40 000	100 000	120 000	A
应收账款	85 000	400 000	B	60 000
短期借款	300 000	C	480 000	0
盈余公积	D	80 000	200 000	640 000

要求：计算表2-5中的A、B、C、D，并填入表2-5中。

五、练习题参考答案

（一）填空题

1.会计六要素；具体项目

2.会计科目；会计要素

3.名称相同；内容相同

4.存量会计恒等式；增量会计恒等式

5.期初存量会计恒等式；本期增量会计恒等式

（二）单项选择题

1.B　2.C　3.A　4.D　5.D　6.D　7.C　8.A

（三）多项选择题

1.ABCDE　2.ABCD　3.ABCDE　4.ABCDE　5.ABCDE　6.ABCDE　7.ABCD
8.ABCD　9.ABCD　10.AB　11.DE　12.ABCE　13.ABC

（四）判断题

1.√　2.×　3.√　4.√　5.√　6.√　7.×　8.×　9.√　10.×　11.√　12.√
13.×　14.×　15.√　16.√　17.√

（五）名词解释

1.会计科目是对会计对象的具体内容——会计六要素，按其内部性质和经济管理的具体要求，进一步分类的具体项目。

2.一级科目又称总账科目，总分类科目。它是对会计要素的具体内容进行总括分类而形成的会计科目。会计科目表中列示的会计科目都是一级科目，资产负债表、利润表中的项目多数都是用一级科目列示。

3.二级科目是对一级科目进一步分类的结果，又称子目。

4.会计账户简称账户，它是根据会计科目开设的，用来分门别类地记录交易或者事项的发生情况，以及由此引起的会计科目内容在数量上的增减变化及结果，具有一定结构的账页，是对会计要素进一步分类核算的工具。

5.账户结构是账户必须具备的一定格式，对每一笔交易或者事项引起增减变动的金额，规定其增加金额记在哪里，减少金额记在哪里，增减变动后的结果记在哪里，表示什么。

6.总分类账户是按照总账科目设置，提供该总账科目内容增减变动及结果的总括情况的账户。

7.明细分类账户是指按照明细科目设置，提供该明细科目内容增减变动及结果的详细情况的账户。

8.会计恒等式也称会计平衡公式，是指无论发生什么样的交易或者事项，都不会影响会计要素之间客观存在的、固有的数量等式。

9.存量会计恒等式是指某一时点的资产、负债、所有者权益金额，某一时期的广义收入、广义费用金额之间的数量恒等式。

10.增量会计恒等式是指对发生的每一笔交易或者事项，或某一时期的全部交易或者事项，会计要素变动额之间的数量恒等式。

（六）简答题

1.企业设置的会计科目是否必须按照应用指南中的162个会计科目设置？

答：不一定。企业在不违反会计准则中确认、计量和报告规定的前提下，可以根据本单位的实际情况自行增设、分拆、合并会计科目，企业不存在的交易或者事项，可不设置相关会计科目。

2.企业设置的会计科目是否必须分为三级？

答：不一定。会计科目一般分为三个级次，不是说每个会计科目都要有一级科目、二级科目和三级科目，而是在总分类科目下，根据《企业会计准则——应用指南》附录中主要账务处理的规定，结合本单位具体情况，自行设置。例如："累计折旧"可以不设置明细科目，而只设一个级次；"应收账款"可以根据债务单位设置明细科目，而分为两个级次；"生产成本"可以设置"基本生产成本"和"辅助生产成本"两个二级科目，"基本生产成本"和"辅助生产成本"又可以按车间、部门设置三级科目，每个车间、部门又可按产品品种、提供劳务种类设置四级科目，而将"生产成本"科目分为四个级次。由于会计电算化的普遍施行，为了提供更为详细的核算指标，还可以将会计科目细分为五个级次，甚至六个级次等等。

3.试述会计科目与会计账户的关系。

答：会计账户与会计科目既相互区别，又相互联系。

其区别主要是作用不同，有无结构。会计账户是对会计要素进一步分类核算的工具，是会计信息的载体，因此，必须具有一定的账户结构，以便反映会计要素增减变动的金额及结果。而会计科目是对会计要素进一步分类的项目，只需界定包括会计要素某一部分的具体内容，作为分类核算的依据，不需要反映会计要素增减变动的金额及结果，因而不需要具备一定的结构。

其联系主要是名称相同、内容相同。账户是根据会计科目开设的，有什么会计科目，就必有什么会计账户，反之，有什么会计账户，就必有什么会计科目。会计账户与会计科目是一一对应的，相同名称的账户与会计科目，其核算内容与经济内容完全相同。正是在这种意义上，人们将会计账户与会计科目作为同义语来理解，在实务中互相通用，不加区别。

4.试述总分类账户与明细分类账户的联系与区别。

答：总分类账户与明细分类账户的联系如下：

（1）核算内容相同。总分类账户是对相同内容的汇总和概括登记，明细分类账户是对相同内容的进一步分类的详细登记。

（2）登账依据相同。登记总分类账户和明细分类账户的依据，是相同的记账凭证和原始凭证。

（3）账户余额相同。总分类账户的余额与其所属明细分类账户的余额之和相同。

（4）登记期间相同。对同一笔交易或者事项，总分类账户与明细分类账户都在同一个会计期间进行登记。

（5）登记方向相同。总分类账户登记增加，明细分类账户也登记增加；总分类账户登记减少，明细分类账户也登记减少。

总分类账户与明细分类账户的区别如下：

（1）核算内容的详细程度不同。总分类账户提供的会计信息比较概括、简略。明细分类账户提供的会计信息则比较具体、详细。

（2）作用不同。总分类账户提供的会计信息，是明细分类账户资料的综合，对所属明细分类账户起着统驭、控制作用；明细分类账户提供的会计信息，是对总分类账户资料的具体化，对总分类账户起着补充、说明作用。

（3）提供的数据指标可能不同。总分类账户只提供以货币为计量单位的价值信息，明细分类账户则可能提供包括价值信息和实物数量在内的多种信息。

（4）登记的方法可能不同。明细分类账户可以根据原始凭证、记账凭证直接登记，总分类账户则可以根据记账凭证、汇总记账凭证、科目汇总表等进行登记。

5.试述会计恒等式的作用。

答：（1）阐明了交易或者事项的内在规律，有助于认识会计要素之间的内在联系，从而掌握交易或者事项的类型。

（2）通过交易或者事项的内在规律，建立科学的会计核算方法。依据交易或者事项的内在规律，可以合理、科学地设置账户，确定复式记账法的账户结构、记账规则和试算平衡的方法，建立资产负债表的合理结构。换句话说，会计恒等式是设置账户、复式记账、编制资产负债表的理论基础。

（七）业务题

习题一

解：该企业与会计要素有关的项目见表2-6。

表 2-6 该企业与会计要素有关的项目

序 号	项 目	会计科目	会计要素
1	房屋及建筑物	固定资产	资产
2	机器设备	固定资产	资产
3	运输汽车	固定资产	资产
4	库存生产用钢材	原材料	资产
5	完工验收入库的产成品	库存商品	资产
6	存放在银行的款项	银行存款	资产
7	由出纳员保管的现金	库存现金	资产
8	应收某厂购买企业产品的货款	应收账款	资产
9	从银行借入的不超过1年的借款	短期借款	负债
10	应付购买某厂材料的货款	应付账款	负债
11	欠缴的税金	应交税费	负债
12	销售产品取得的收入	主营业务收入	收入
13	购买股票取得的股利收入	投资收益	收入
14	所有者投入企业的资本	实收资本	所有者权益
15	应付所有者的股利	应付股利	负债
16	为销售产品支付的广告费用	销售费用	费用
17	支付行政管理部门的办公费用	管理费用	费用
18	借入短期借款应支付的利息	应付利息	负债
19	从银行借入的超过1年的借款	长期借款	负债
20	应付给职工的工资	应付职工薪酬	负债
21	专利权	无形资产	资产
22	尚未完工的建筑工程	在建工程	资产

习题二

解：该企业发生的交易或者事项见表 2-7。

表 2-7 该企业发生的交易或者事项

序　号	交易或者事项	类　型
1	现购材料（不考虑增值税）	一项资产增加，另一项资产减少
2	用银行存款偿还前欠 A 单位购货款	一项资产减少，一项负债减少
3	用银行存款支付行政管理部门水电费	一项费用增加，一项资产减少
4	向银行借入长期借款存入银行	一项资产增加，一项负债增加
5	收到投资者投入的设备	一项资产增加，一项所有者权益增加
6	将盈余公积转增资本	一项所有者权益增加，另一项所有者权益减少
7	将应付票据转为应付账款	一项负债增加，另一项负债减少
8	将企业长期借款转为债权人对企业的投资	一项所有者权益增加，一项负债减少
9	销售产品取得收入存入银行（不考虑增值税）	一项资产增加，一项收入增加
10	用银行存款支付广告费	一项费用增加，一项资产减少
11	用银行存款缴纳所得税	一项资产减少，一项负债减少

习题三

解：资产、费用、负债、所有者权益、收入变动情况见表 2-8。

表 2-8　　资产、费用、负债、所有者权益、收入变动情况　　　　单位：元

资产、费用	期初金额	增减金额	变动后金额	负债、所有者权益、收入	期初金额	增减金额	变动后金额
银行存款	600 000	①-2 000		短期借款	500 000	⑤-100 000	400 000
		⑤-100 000	498 000	应付账款	120 000	④120 000	240 000
应收账款	80 000	②12 000	92 000	实收资本	880 000	③200 000	1 080 000
原材料	120 000	④120 000	240 000	资本公积	300 000	③-200 000	100 000
固定资产	1 000 000		1 000 000	主营业务收入		②12 000	12 000
管理费用		①2 000	2 000				
合　计	1 800 000	32 000	1 832 000	合　计	1 800 000	32 000	1 832 000

本期增量会计恒等式：

左边：Δ资产+Δ广义费用=（132 000-102 000）+（2 000-0）=32 000（元）

右边：Δ负债+Δ所有者权益+Δ广义收入

　　=（120 000-100 000）+（200 000-200 000）+（12 000-0）=32 000（元）

左右两边相等。

期末存量会计恒等式：

左边：资产+广义费用=1 830 000+2 000=1 832 000（元）

右边：负债+所有者权益+广义收入=640 000+1 180 000+12 000=1 832 000（元）

左右两边相等。

期末存量会计恒等式　＝　期初存量会计恒等式　＋　本期增量会计恒等式
（1 832 000）　　　　　（1 800 000）　　　　　（32 000）

习题四

解：A=1 125 000-（3 000+81 000+105 000+156 000+600 000）=180 000（元）

C=1 125 000元

B=1 125 000-（30 000+96 000+27 000+720 000+69 000）=183 000（元）

将计算结果填入表2-4中（见表2-9）。

表2-9　　　　　　　　某企业资产、负债、所有者权益情况　　　　　　单位：元

资　产	金　额	负债及所有者权益	金　额
库存现金	3 000	短期借款	30 000
银行存款	81 000	应付账款	96 000
应收账款	105 000	应付职工薪酬	27 000
原材料	156 000	应交税费	(183 000)
库存商品	(180 000)	实收资本	720 000
固定资产	600 000	资本公积	69 000
合　计	1 125 000	合　计	(1 125 000)

习题五

解：A=40 000+100 000-120 000=20 000（元）

B=85 000+400 000-60 000=425 000（元）

C=480 000+0-300 000=180 000（元）

D=200 000+640 000-80 000=760 000（元）

将计算结果填入表2-5中（见表2-10）。

表2-10　　　　　　　　某企业部分账户有关资料　　　　　　单位：元

账户名称	期初余额	本期增加发生额	本期减少发生额	期末余额
库存现金	40 000	100 000	120 000	(20 000)
应收账款	85 000	400 000	(425 000)	60 000
短期借款	300 000	(180 000)	480 000	0
盈余公积	(760 000)	80 000	200 000	640 000

复式记账法

第三章

一、本章内容结构

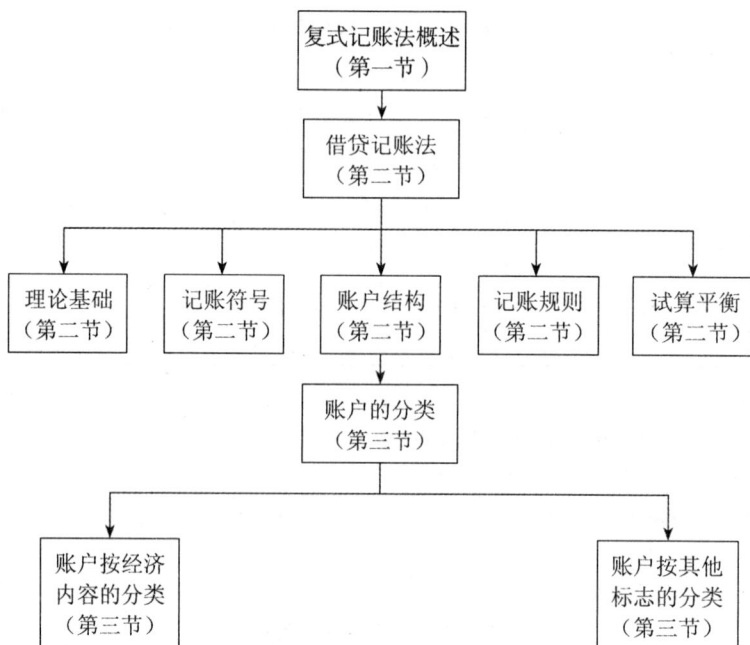

```
            复式记账法概述
             （第一节）
                │
                ▼
             借贷记账法
             （第二节）
                │
  ┌──────┬──────┼──────┬──────┐
  ▼      ▼      ▼      ▼      ▼
理论基础  记账符号  账户结构  记账规则  试算平衡
（第二节）（第二节）（第二节）（第二节）（第二节）
                │
                ▼
             账户的分类
             （第三节）
                │
       ┌────────┴────────┐
       ▼                 ▼
   账户按经济          账户按其他
   内容的分类          标志的分类
   （第三节）          （第三节）
```

  复式记账法是现代会计采用的记账方法，而全世界会计工作者公认的复式记账法是借贷记账法，因此，借贷记账法也是全世界通用的商业语言。借贷记账法必须具备理论基础、记账符号、账户结构、记账规则、试算平衡五个方面的内容，但只掌握上述五个方面的内容还不够，应用借贷记账法，还需要掌握交易或者事项涉及的各个账户的性质、具体内容、用途和结构，才能更好地认识和运用账户。这就要在借贷记账法账户结构的基础上，对账户进行分类，主要是账户按经济内容的分类。

二、本章学习目的与要求

  本章阐述了复式记账法、借贷记账法和账户的分类三部分内容。目的是使初学者掌握第二个会计核算方法——复式记账法，具体为借贷记账法。要求初学者掌握借贷记账法的理论基础、记账符号、账户结构、记账规则、试算平衡五个方面的内容；能够运用主教材第二章表2-1中47个账户编制会计分录；掌握账户按经济内容的分类。

三、本章重点与难点

（一）重点

1.掌握并运用借贷记账法进行会计记录，这就要求掌握：

（1）借贷记账法的理论基础。

（2）借贷记账法的记账符号。

（3）借贷记账法的账户结构。

（4）借贷记账法的记账规则。

（5）借贷记账法的试算平衡。

2.掌握账户按经济内容的分类。

（二）难点

借贷记账法的账户结构中，对"关于账户结构的几点注意事项"的理解。

四、练习题

（一）填空题

1.记账方法经历了由（　　　）到（　　　）的演变过程。

2.在我国，近几十年曾经有过的复式记账法是（　　　）、（　　　）和借贷记账法三种。

3.复式记账法的内容一般包括理论基础、记账符号、（　　　）、（　　　）和试算平衡。

4.借贷记账法是以（　　　）为记账符号，对发生的每一笔交易或者事项，都要以借贷相等的金额，在（　　　）的相关账户中进行登记的一种复式记账方法。

5.在借贷记账法下，任何账户都分为借、贷两方，而且把账户的左方称为（　　　），把账户的右方称为（　　　）。

6.资产、广义费用类账户的结构是：借方登记（　　　），贷方登记（　　　），如有余额，在借方。

7.负债、所有者权益、广义收入类账户的结构是：借方登记（　　　），贷方登记（　　　），如有余额，在贷方。

8.借贷记账法的记账规则是：（　　　），（　　　）。

9.会计分录是指标明每笔交易或者事项（　　　）账户及其（　　　）相等的记录。

10.会计分录三要素是指：（　　　）、（　　　）和发生金额。

11.编制会计分录的过程，就是对会计要素进行（　　　）和（　　　）的过程。

12.在标明 T 形账户对应关系的"箭号"中，规定用"箭头"指向账户（　　），"箭尾"指向账户（　　）。

13.简单会计分录是指只涉及（　　）账户的会计分录，即只有（　　）对应关系的会计分录。

14.复合会计分录包括多借一贷、（　　）和（　　）对应关系的会计分录。

15.试算平衡主要是检查两个方面的平衡关系：（　　）和（　　）。

16.发生额平衡公式是：（　　）=（　　）。

17.余额平衡公式是：（　　）=（　　）。

18.损益类账户是指企业用来核算（　　）和（　　）增减变动情况的账户。

19.由于资产类账户、负债类账户、共同类账户、所有者权益类账户和成本类账户是编制资产负债表的依据，所以又将其称为（　　）或（　　）。

20.由于损益类账户是编制利润表的依据，所以又将损益类账户称为（　　）或（　　）。

（二）单项选择题

1.企业对应该入账的每一笔交易或者事项，都要以相等的金额，同时在两个或两个以上的相关账户中进行记录的一种专门记账方法，称为（　　）。

A.复式记账法　　　　　　　　B.单式记账法

C.结账方法　　　　　　　　　D.转账方法

2.借贷记账法的理论基础是（　　）。

A.会计目标　　　　　　　　　B.会计职能

C.会计恒等式　　　　　　　　D.会计本质

3.在账户结构中，借方表示增加的是（　　）。

A.负债类账户　　　　　　　　B.所有者权益类账户

C.收入类账户　　　　　　　　D.费用类账户

4.在资产类账户中，期末余额−期初余额=（　　）。

A.本期借方发生额

B.本期贷方发生额

C.本期借方发生额−本期贷方发生额

D.本期贷方发生额−本期借方发生额

5.在账户结构中，贷方表示减少的是（　　）。

A.负债类账户　　　　　　　　B.所有者权益类账户

C.收入类账户　　　　　　　　D.费用类账户

6.如果一个账户的余额在借方，则该账户余额一定是反映企业的（　　）。

A.资产　　　　　　　　　　　B.负债

C.所有者权益　　　　　　　　D.费用

7.简单会计分录是指（　　）。

A.一借一贷的会计分录　　　　　B.多借一贷的会计分录

C.一借多贷的会计分录　　　　　　D.多借多贷的会计分录

8.账户对应关系不清的会计分录是（　　　）。

A.一借一贷的会计分录　　　　　　B.多借一贷的会计分录

C.一借多贷的会计分录　　　　　　D.多借多贷的会计分录

9.试算平衡检查不出来的记账错误是（　　　）。

A.漏登或重登了借方金额或者贷方金额

B.登错了借方金额或者贷方金额

C.将借方金额登记到贷方，或将贷方金额登记到借方

D.将借方账户和贷方账户都写错

10.通过试算平衡可以检查出来的记账错误是（　　　）。

A.将借方金额登记到贷方，或将贷方金额登记到借方

B.漏登或者重登了一笔交易或者事项

C.将借方或者贷方账户写错

D.将借方和贷方账户同时多记或少记相同金额

11.按账户的经济内容分类，"预付账款"属于（　　　）。

A.资产类账户　　　　　　　　　　B.负债类账户

C.共同类账户　　　　　　　　　　D.损益类账户

12.按账户的经济内容分类，"累计折旧"账户属于（　　　）。

A.资产类账户　　　　　　　　　　B.负债类账户

C.成本类账户　　　　　　　　　　D.损益类账户

13.按账户的经济内容分类，"预收账款"账户属于（　　　）。

A.资产类账户　　　　　　　　　　B.负债类账户

C.成本类账户　　　　　　　　　　D.损益类账户

14.按账户的经济内容分类，"本年利润"账户属于（　　　）。

A.资产类账户　　　　　　　　　　B.负债类账户

C.所有者权益类账户　　　　　　　D.损益类账户

15.按账户的经济内容分类，"制造费用"账户属于（　　　）。

A.资产类账户　　　　　　　　　　B.负债类账户

C.成本类账户　　　　　　　　　　D.损益类账户

16.按账户的经济内容分类，"其他业务成本"账户属于（　　　）。

A.资产类账户　　　　　　　　　　B.负债类账户

C.成本类账户　　　　　　　　　　D.损益类账户

17.按账户的经济内容分类，属于资产类账户的是（　　　）。

A.预付账款　　　　　　　　　　　B.预收账款

C.生产成本　　　　　　　　　　　D.投资收益

18.按账户的经济内容分类，属于负债类账户的是（　　　）。

A.预付账款　　　　　　　　　　　B.预收账款

C.所得税费用　　　　　　　　　　　D.税金及附加

19.按账户的经济内容分类，属于所有者权益类账户的是（　　　）。

A.主营业务收入　　　　　　　　　　B.交易性金融资产

C.利润分配　　　　　　　　　　　　D.投资收益

20.按账户的经济内容分类，属于损益类账户的是（　　　）。

A.生产成本　　　　　　　　　　　　B.主营业务成本

C.坏账准备　　　　　　　　　　　　D.应付利息

（三）多项选择题

1.复式记账法的内容包括（　　　）。

A.理论基础　　　　　　　　　　　　B.记账符号

C.账户结构　　　　　　　　　　　　D.记账规则

E.试算平衡

2.在借贷记账法下，借方表示增加，贷方表示减少的有（　　　）。

A.资产类账户　　　　　　　　　　　B.费用类账户

C.所有者权益类账户　　　　　　　　D.收入类账户

E.负债类账户

3.在借贷记账法下，借方表示减少，贷方表示增加的有（　　　）。

A.资产类账户　　　　　　　　　　　B.费用类账户

C.所有者权益类账户　　　　　　　　D.收入类账户

E.负债类账户

4.下列属于收入、费用双重性质账户的有（　　　）。

A.预收账款　　　　　　　　　　　　B.应交税费

C.预付账款　　　　　　　　　　　　D.公允价值变动损益

E.投资收益

5.通过试算平衡，可以检查出的记账或过账错误有（　　　）。

A.漏登或重登了借方金额或者贷方金额

B.登错了借方金额或者贷方金额

C.将借方金额登记到贷方，或将贷方金额登记到借方

D.漏登或重登了一笔交易或者事项

E.将借方账户和贷方账户都写错

6.通过试算平衡，不能检查出的记账或过账错误有（　　　）。

A.漏登或重登了借方金额或者贷方金额

B.登错了借方金额或者贷方金额

C.将借方或者贷方账户写错

D.将借方账户和贷方账户都写错

E.漏登或重登了一笔交易或者事项

7.按账户的经济内容分类，属于资产类账户的有（　　　）。

A.应收账款　　　　　　　　　　B.预收账款

C.预付账款　　　　　　　　　　D.坏账准备

E.库存商品

8.按账户的经济内容分类，属于流动资产类账户的有（　　　　）。

A.应收股利　　　　　　　　　　B.库存商品

C.在途物资　　　　　　　　　　D.银行存款

E.预付账款

9.按账户的经济内容分类，属于非流动资产类账户的有（　　　　）。

A.在建工程　　　　　　　　　　B.无形资产

C.固定资产　　　　　　　　　　D.工程物资

E.库存商品

10.按账户的经济内容分类，属于流动负债类账户的有（　　　　）。

A.预付账款　　　　　　　　　　B.应付票据

C.应交税费　　　　　　　　　　D.应付职工薪酬

E.应付债券

11.按账户的经济内容分类，属于非流动负债类账户的有（　　　　）。

A.递延收益　　　　　　　　　　B.应付债券

C.长期借款　　　　　　　　　　D.长期应付款

E.应付股利

12.按账户的经济内容分类，属于所有者权益类账户的有（　　　　）。

A.实收资本　　　　　　　　　　B.资本公积

C.盈余公积　　　　　　　　　　D.本年利润

E.利润分配

13.按账户的经济内容分类，属于成本类账户的有（　　　　）。

A.生产成本　　　　　　　　　　B.制造费用

C.劳务成本　　　　　　　　　　D.其他业务成本

E.主营业务成本

14.按账户的经济内容分类，属于损益类账户的有（　　　　）。

A.营业外收入　　　　　　　　　B.主营业务成本

C.资产减值损失　　　　　　　　D.所得税费用

E.公允价值变动损益

15.按账户的经济内容分类，属于损益类账户的有（　　　　）。

A.其他业务收入　　　　　　　　B.税金及附加

C.销售费用　　　　　　　　　　D.投资收益

E.资产减值损失

（四）判断题

1.记账方法就是在账户中登记交易或者事项的方法。　　　　　　　　　　（　　　）

2.记账方法有单式记账法和复式记账法两种。　　　　　　　　（　　）

3.任何复式记账法都应该包括理论基础、记账符号、账户结构、记账规则、试算平衡五个方面的内容。　　　　　　　　　　　　　　　　（　　）

4.我国近几十年的复式记账法有收付记账法、增减记账法和借贷记账法。

（　　）

5.借贷记账法是被全世界会计工作者普遍采用的复式记账法。　　（　　）

6.借贷记账法的理论基础是会计核算的基本程序。　　　　　　（　　）

7.会计科目表中的损益类账户通常结转到"实收资本"账户，结转之后该类账户无余额。　　　　　　　　　　　　　　　　　　　　　　　（　　）

8.会计科目表中的成本类账户期末无余额。　　　　　　　　　（　　）

9.账户的期末余额只能在账户的一方，一般在增加方。　　　　（　　）

10.资产类账户的余额不一定都在借方。　　　　　　　　　　（　　）

11.负债类账户的余额不一定都在贷方。　　　　　　　　　　（　　）

12.在一定条件下，资产类账户和负债类账户可以互相转化。　（　　）

13.在借贷记账法下，不允许设置既可以用来核算资产，又可以用来核算负债的资产、负债双重性质的账户。　　　　　　　　　　　　　　（　　）

14.在借贷记账法下，不允许设置既可以用来核算收入，又可以用来核算费用的收入、费用双重性质的账户。　　　　　　　　　　　　　　（　　）

15.会计科目表中的损益类账户，到会计期末一般将余额结转到"本年利润"账户，结转之后该类账户无余额。　　　　　　　　　　　　　　（　　）

16.借贷记账法的记账规则是"有借必有贷，借贷必相等"。　（　　）

17.标明每笔交易或者事项应借、应贷账户及借贷金额相等的记录，称为账簿记录。　　　　　　　　　　　　　　　　　　　　　　　　　（　　）

18.账户的对应关系一定是一一对应的。　　　　　　　　　　（　　）

19.不论是简单会计分录，还是复合会计分录，其账户之间的对应关系都是清楚的。　　　　　　　　　　　　　　　　　　　　　　　　　（　　）

20.发生额试算平衡公式是：每个账户的借方余额合计=该账户的贷方余额合计。　　　　　　　　　　　　　　　　　　　　　　　　　　（　　）

21.余额试算平衡公式是：全部资产账户借方余额合计=全部负债账户贷方余额合计。　　　　　　　　　　　　　　　　　　　　　　　　（　　）

22.按账户的经济内容分类，"制造费用"账户属于成本类账户。（　　）

23.按账户的经济内容分类，"利润分配"账户属于所有者权益类账户。

（　　）

24.按账户的经济内容分类，"预收账款"账户属于资产类账户。（　　）

25.按账户的经济内容分类，"累计折旧"账户属于负债类账户。（　　）

26.按账户的经济内容分类，"待处理财产损溢"账户属于损益类账户。

（　　）

27.按账户的经济内容分类，"公允价值变动损益"账户属于损益类账户。
（　　）

28.损益类账户是编制利润表的依据，所以又将损益类账户称为利润表账户或虚账户。
（　　）

（五）名词解释

1.单式记账法　　　　　　　2.复式记账法

3.借贷记账法　　　　　　　4.借贷记账法的试算平衡

5.会计分录　　　　　　　　6.账户对应关系

7.简单会计分录　　　　　　8.复合会计分录

9.账户分类　　　　　　　　10.账户用途

11.账户结构

（六）简答题

1.试述复式记账法包括的内容。

2.账户分类有何作用？

3.试述账户分类的基本原则。

4.什么是账户的经济内容？账户按经济内容可分为哪几类？

（七）业务题

习题一

目的：练习借贷记账法的账户结构。

资料：云丰股份有限责任公司20××年6月30日部分账户资料见表3-1。

表3-1　　　　　　　　　　　部分账户资料　　　　　　　　　单位：元

账户名称	期初余额		本期发生额		期末余额	
	借方	贷方	借方	贷方	借方	贷方
银行存款	120 000		160 000	96 000	A	
固定资产	640 000		380 000	B	700 000	
应收账款	80 000		C	120 000	45 000	
原材料	D		148 000	100 000	57 000	
短期借款		200 000	200 000	80 000		E
应付账款		156 000	170 000	F		93 000
预收账款		68 000	G	30 000		68 000
实收资本		H	—	300 000		1 500 000

要求：根据借贷记账法的账户结构，计算并填列表3-1中字母处的数字。

习题二

目的：练习编制会计分录和总分类账户发生额试算平衡表。

资料：云丰股份有限责任公司20××年7月发生的部分交易和事项如下：

1.收到投资者追加投资200 000元，存入银行。

2.用银行存款68 000元购进不需安装的生产设备（不考虑增值税），并交付使用。

3.向银行借入期限为6个月的借款300 000元，存入银行。

4.收回甲公司前欠企业购货款128 000元，存入银行。

5.从银行提取现金160 000元，准备发放工资。

6.企业职工刘玉华因公出差预借差旅费2 000元，以库存现金支付。

7.销售A产品，取得销售收入80 000元，款项存入银行（不考虑增值税）。

8.采购材料50 000元，已验收入库，款项尚未支付（不考虑增值税）。

9.以银行存款6 000元支付厂部水电费。

10.以银行存款支付广告费30 000元。

11.以银行存款缴纳所得税40 000元。

要求：

1.编制上述交易或者事项的会计分录。

2.编制总分类账户发生额试算平衡表。

习题三

目的：练习编制会计分录和总分类账户本期发生额及余额试算平衡表。

资料：云丰股份有限责任公司20××年8月有关账户期初余额见表3-2。

表3-2　　　　　　　　　　　有关账户期初余额　　　　　　　　单位：元

会计科目	借方余额	会计科目	贷方余额
库存现金	2 000	短期借款	380 000
银行存款	326 000	应付账款	164 000
应收账款	48 000	长期借款	200 000
原材料	163 000	实收资本	551 000
库存商品	36 000		
生产成本	20 000		
固定资产	700 000		
总计	1 295 000		1 295 000

本月该企业发生下列交易或者事项：

1.现购材料30吨，货款30 000元以银行存款支付，材料已验收入库（不考虑增值税）。

2.生产车间向仓库领用生产E、F两种产品所需原材料共计86 000元。

3.从银行提取现金160 000元，准备发放工资。

4.从银行取得3年期借款300 000元，存入银行。

5.以银行存款购入新汽车一辆，价值 180 000 元，已交付使用。

6.用银行存款偿还应付供应单位货款 64 000 元。

7.收到购货单位前欠货款 48 000 元，存入银行。

8.用银行存款归还已到期短期借款 120 000 元。

9.收到 B 单位作为投资投入的设备一台，价值 240 000 元，已投入使用。

10.用库存现金 650 元购买零星材料，已验收入库（不考虑增值税）。

要求：

1.编制会计分录。

2.开设各账户 T 形账，登记期初余额、本期发生额，计算期末余额。

3.编制总分类账户本期发生额及余额试算平衡表。

习题四

目的：根据账户对应关系，了解交易或者事项的内容，写出会计分录，编制总分类账户本期发生额试算平衡表。

资料：华为股份有限责任公司 20××年 9 月有关账户记录如下：

借方	库存现金		贷方
期初余额	1 600		
2.应收账款	1 000	1.其他应收款	1 200
4.银行存款	4 000	6.银行存款	4 000
9.银行存款	4 000	10.原材料	1 600
本期发生额	9 000	本期发生额	6 800
期末余额	3 800		

借方	银行存款		贷方
期初余额	168 000		
2.应收账款	56 000	3.固定资产	60 000
6.库存现金	4 000	4.库存现金	4 000
7.应收账款	206 200	5.其他应付款	60 200
		8.应付账款	286 000
		9.库存现金	4 000
本期发生额	266 200	本期发生额	414 200
期末余额	20 000		

借方	应收账款		贷方
期初余额	308 000		
		2.银行存款	56 000
		2.库存现金	1 000
		7.银行存款	206 200
本期发生额	—	本期发生额	263 200
期末余额	44 800		

借方	其他应收款		贷方
期初余额	—		
1.库存现金	1 200		
本期发生额	1 200	本期发生额	—
期末余额	1 200		

借方	原材料		贷方
期初余额	460 000		
10.库存现金	1 600		
本期发生额	1 600	本期发生额	—
期末余额	461 600		

借方	固定资产		贷方
期初余额	3 600 000		
3.银行存款	60 000		
本期发生额	60 000	本期发生额	—
期末余额	3 660 000		

借方	应付账款		贷方
		期初余额	566 000
8.银行存款	286 000		
本期发生额	286 000	本期发生额	—
		期末余额	280 000

借方	其他应付款		贷方
		期初余额	64 200
5.银行存款	60 200		
本期发生额	60 200	本期发生额	—
		期末余额	4 000

要求：

1.根据上述账户资料，补编会计分录。

2.按照账户对应关系，说明各项交易或者事项的内容。

3.编制"总分类账户本期发生额试算平衡表"。

习题五

目的：练习总分类账户按经济内容的分类。

资料：表3-3中47个会计账户。

表3-3　　　　　　　　　　　　　　　**会计账户**

1.库存现金	2.银行存款	3.交易性金融资产
4.应收票据	5.应收账款	6.预付账款
7.其他应收款	8.坏账准备	9.在途物资
10.原材料	11.库存商品	12.固定资产
13.累计折旧	14.在建工程	15.工程物资
16.无形资产	17.待处理财产损溢	18.短期借款
19.应付票据	20.应付账款	21.预收账款
22.应付职工薪酬	23.应交税费	24.应付股利
25.应付利息	26.其他应付款	27.长期借款
28.实收资本(股本)	29.资本公积	30.盈余公积
31.本年利润	32.利润分配	33.生产成本
34.制造费用	35.主营业务收入	36.其他业务收入
37.投资收益	38.营业外收入	39.主营业务成本
40.其他业务成本	41.税金及附加	42.销售费用
43.管理费用	44.财务费用	45.资产减值损失
46.营业外支出	47.所得税费用	

　　要求：将表3-3中的账户按经济内容进行分类，并将账户填入表3-4的相应栏目中。

表3-4　　　　　　　　　　　　　**账户按经济内容分类**

大　类	小　类	账户名称
一、资产类	流动资产类	
	非流动资产类	
二、负债类	流动负债类	
	非流动负债类	
三、共同类		
四、所有者权益类	注册资本类	
	资本积累类	
五、成本类		
六、损益类	广义收入类	
	广义费用类	
	收入、费用双重性质类	

五、练习题参考答案

（一）填空题

1. 单式记账法；复式记账法
2. 收付记账法；增减记账法
3. 账户结构；记账规则
4. 借、贷；两个或两个以上
5. 借方；贷方
6. 增加数额；减少数额
7. 减少数额；增加数额
8. 有借必有贷；借贷必相等
9. 应借应贷；借贷金额
10. 会计账户；记账符号
11. 确认；计量
12. 借方；贷方
13. 两个；一借一贷
14. 一借多贷；多借多贷
15. 发生额平衡；余额平衡
16. 全部账户借方发生额合计；全部账户贷方发生额合计
17. 全部账户借方余额合计；全部账户贷方余额合计
18. 广义收入；广义费用
19. 资产负债表账户；实账户
20. 利润表账户；虚账户

（二）单项选择题

1. A 2. C 3. D 4. C 5. D 6. A 7. A 8. D 9. D 10. A 11. A 12. A 13. B 14. C 15. C 16. D 17. A 18. B 19. C 20. B

（三）多项选择题

1. ABCDE 2. AB 3. CDE 4. DE 5. ABC 6. CDE 7. ACDE 8. ABCDE 9. ABCD 10. BCD 11. ABCD 12. ABCDE 13. ABC 14. ABCDE 15. ABCDE

（四）判断题

1. √ 2. √ 3. √ 4. √ 5. √ 6. × 7. × 8. × 9. √ 10. √ 11. √ 12. √ 13. × 14. × 15. √ 16. √ 17. × 18. × 19. √ 20. √ 21. √ 22. √ 23. √ 24. × 25. × 26. × 27. √ 28. √

（五）名词解释

1. 单式记账法是指对发生的每一笔交易或者事项，一般只在一个账户中登记的方法。

2. 复式记账法是指对企业应该入账的每一笔交易或者事项，都要以相等的金额，同时在两个或两个以上的相关账户中进行记录的一种专门记账方法。

3. 借贷记账法是以"借""贷"为记账符号，对发生的每一笔交易或者事项，都要以借、贷相等的金额，在两个或两个以上的相关账户中进行登记的一种复式记账法。

4. 借贷记账法的试算平衡是指根据交易或者事项的内在规律，对发生的每一笔交易或者事项，都要引起两个或者两个以上的账户同时发生增减变化，并且不管是一笔，还是某一时期的全部交易或者事项，都必须同时满足以下公式：

（1）存量会计恒等式：

资产+广义费用=负债+所有者权益+广义收入

（2）增量会计恒等式：

Δ资产+Δ广义费用=Δ负债+Δ所有者权益+Δ广义收入

它是通过汇总计算和比较，检查记账凭证、账户记录或编制财务报表是否正确的一种方法。

5.会计分录是指标明每笔交易或者事项应借、应贷账户及借贷金额相等的记录。

6.根据借贷记账法的记账规则，每笔交易或者事项，既要有借方账户，又要有贷方账户，我们把借方账户与贷方账户这种关系称为账户对应关系。

7.简单会计分录是指在会计分录中，只涉及两个账户的会计分录，即只有一借一贷对应关系的会计分录。

8.复合会计分录是指在会计分录中，涉及两个以上账户的会计分录，即具有多借一贷、一借多贷、多借多贷对应关系的会计分录。

9.账户分类是指对全部账户按照特定标志，从某一个侧面对账户所进行的科学归类。

10.账户用途是指开设账户的目的，即通过账户记录能够提供哪些核算资料。

11.账户结构是指在账户中如何提供核算资料，在借贷记账法下，就是账户借方登记什么，贷方登记什么，期末账户有无余额，如有余额，在账户的哪一方，反映什么。

（六）简答题

1.试述复式记账法包括的内容。

答：复式记账法应当包括以下五个方面的内容，否则，就不是完整的复式记账法：

（1）理论基础。理论基础是指作为一种完整的、系统的复式记账技术方法体系的理论依据。

（2）记账符号。记账符号是指作为一种复式记账法对会计要素增减变动进行记录时所使用的符号。

（3）账户结构。账户结构是指作为一种复式记账法所设置的账户如何反映会计要素的增减变动及结果。

（4）记账规则。记账规则是指作为一种复式记账法，对发生的任何交易或者事项，所涉及账户之间具有的普遍性规律，如果记账时不遵守这种规律，就会发生记账错误。

（5）试算平衡。试算平衡是指作为一种复式记账法，用于检查所有记账凭证编制、账簿登记、财务报表编制是否正确所采用的方法。

2.账户分类有何作用？

答：（1）账户分类有助于理解各类账户的作用及类内各个账户之间的关系。账户分类就是从不同角度入手抓住账户之间的某种共性，了解各类账户的作用及类内各个账户之间的联系与区别。

（2）账户分类有利于设置和运用账户。不同的账户分类标志有助于从不同侧面去认识各类账户的共性，把握各类账户的区别及类内各个账户之间的联系，这显然有利于设计会计账户格式，有利于编制财务报表。例如，按账户的用途和结构分类以后，对具有相同结构的账户，就可以设置相同的账户格式。

（3）账户分类有利于会计信息使用者经济有效地获取会计信息。企业会计核算的目标是向会计信息使用者提供与企业财务状况、经营成果等有关的会计信息，掌握账户按经济内容的分类，就是会计信息使用者准确获取这些会计信息的前提。完整的账户分类对会计信息使用者有巨大的帮助，使他们能够系统有序地从相关会计资料中获取有用的会计信息。

3.试述账户分类的基本原则。

答：（1）明确性。账户的分类，首先应明确的是对哪些账户的分类，是对总分类账户的分类，还是对明细分类账户的分类。如果是对总分类账户的分类，也要明确是对所有总分类账户的分类，还是只对一般企业总分类账户的分类，或只是对常用部分账户的分类。

（2）全面性。账户的分类，应是在明确性的基础上，对所限定全部账户的分类，即分类应具有全面性。也就是说，对任意一个账户，按任何标志分类，都应该属于其中某一类，而不会无类可归属，即不漏。

（3）实用性。账户分类的目的是在各个账户特殊性的基础上，了解其共性，掌握各个账户在提供会计核算指标方面的规律性，更好地设置和运用账户，有助于实现会计核算目标。

4.什么是账户的经济内容？账户按经济内容可分为哪几类？

答：经济内容是指账户所要核算的会计对象的具体内容。由于会计对象的具体内容，按其经济特征可以归结为资产、负债、所有者权益、收入、费用和利润六要素，相应地，账户按其经济内容，就可分为资产类账户、负债类账户、所有者权益类账户、收入类账户、费用类账户和利润类账户六大类。

在会计实务中，对上述分类作了如下调整：

账户按其经济内容不同，分为资产类账户、负债类账户、共同类账户、所有者权益类账户、成本类账户和损益类账户六大类。

（七）业务题

习题一

解：A=120 000+160 000-96 000=184 000（元）

B=640 000+380 000-700 000=320 000（元）

C=120 000+45 000-80 000=85 000（元）

D=100 000+57 000-148 000=9 000（元）

E=200 000+80 000-200 000=80 000（元）

F=170 000+93 000-156 000=107 000（元）

G=68 000+30 000-68 000=30 000（元）

H=0+1 500 000-300 000=1 200 000（元）

将计算结果填入表3-5中。

表3-5　　　　　　　　　　　　　　部分账户资料　　　　　　　　　　　　单位：元

账户名称	期初余额		本期发生额		期末余额	
	借方	贷方	借方	贷方	借方	贷方
银行存款	120 000		160 000	96 000	（184 000）	
固定资产	640 000		380 000	（320 000）	700 000	
应收账款	80 000		（85 000）	120 000	45 000	
原材料	（9 000）		148 000	100 000	57 000	
短期借款		200 000	200 000	80 000		（80 000）
应付账款		156 000	170 000	（107 000）		93 000
预收账款		68 000	（30 000）	30 000		68 000
实收资本		（1 200 000）	—	300 000		1 500 000

习题二

解：编制上述交易或者事项的会计分录如下：

1.收到投资者追加投资200 000元，存入银行。

借：银行存款　　　　　　　　　　　　　　　　　　200 000

　贷：实收资本　　　　　　　　　　　　　　　　　　　　200 000

2.用银行存款68 000元购进不需安装的生产设备（不考虑增值税），并交付使用。

借：固定资产　　　　　　　　　　　　　　　　　　68 000

　贷：银行存款　　　　　　　　　　　　　　　　　　　　68 000

3.向银行借入期限6个月的借款300 000元，存入银行。

借：银行存款　　　　　　　　　　　　　　　　　　300 000

　贷：短期借款　　　　　　　　　　　　　　　　　　　　300 000

4.收回甲公司前欠企业购货款128 000元，存入银行。

借：银行存款　　　　　　　　　　　　　　　　　　128 000

　贷：应收账款　　　　　　　　　　　　　　　　　　　　128 000

5.从银行提取现金160 000元，准备发放工资。

借：库存现金　　　　　　　　　　　　　　　　　　160 000

　贷：银行存款　　　　　　　　　　　　　　　　　　　　160 000

6.企业职工刘玉华因公出差预借差旅费2 000元，以库存现金支付。

借：其他应收款　　　　　　　　　　　　　　　　　　2 000

　贷：库存现金　　　　　　　　　　　　　　　　　　　　2 000

7.销售A产品，取得销售收入80 000元，款项存入银行（不考虑增值税）。

借：银行存款　　　　　　　　　　　　　　　　　　　80 000
　　贷：主营业务收入　　　　　　　　　　　　　　　　　　80 000

8.采购材料50 000元，已验收入库，款项尚未支付（不考虑增值税）。

借：原材料　　　　　　　　　　　　　　　　　　　　50 000
　　贷：应付账款　　　　　　　　　　　　　　　　　　　　50 000

9.以银行存款6 000元支付厂部水电费。

借：管理费用　　　　　　　　　　　　　　　　　　　6 000
　　贷：银行存款　　　　　　　　　　　　　　　　　　　　6 000

10.以银行存款支付广告费30 000元。

借：销售费用　　　　　　　　　　　　　　　　　　　30 000
　　贷：银行存款　　　　　　　　　　　　　　　　　　　　30 000

11.以银行存款缴纳所得税40 000元。

借：应交税费　　　　　　　　　　　　　　　　　　　40 000
　　贷：银行存款　　　　　　　　　　　　　　　　　　　　40 000

编制总分类账户发生额试算平衡表。

利用T形账计算出各个总分类账户本期发生额。

借方	库存现金		贷方
5.	160 000	6.	2 000
本期发生额	160 000	本期发生额	2 000

借方	银行存款		贷方
1.	200 000	2.	68 000
3.	300 000	5.	160 000
4.	128 000	9.	6 000
7.	80 000	10.	30 000
		11.	40 000
本期发生额	708 000	本期发生额	304 000

借方	应收账款		贷方
		4.	128 000
		本期发生额	128 000

借方	其他应收款		贷方
6.	2 000		
本期发生额	2 000		

借方	原材料		贷方
8.	50 000		
本期发生额	50 000		

借方	固定资产		贷方
2.	68 000		
本期发生额	68 000		

借方	短期借款		贷方
		3.	300 000
		本期发生额	300 000

借方	应付账款		贷方
		8.	50 000
		本期发生额	50 000

借方	应交税费		贷方
11.	40 000		
本期发生额	40 000		

借方	实收资本		贷方
		1.	200 000
		本期发生额	200 000

借方	主营业务收入		贷方
		7.	80 000
		本期发生额	80 000

借方	销售费用		贷方
10.	30 000		
本期发生额	30 000		

借方	管理费用		贷方
9.	6 000		
本期发生额	6 000		

根据各个T形账的本期发生额编制总分类账户本期发生额试算平衡表（见表 3-6）。

表3-6　　　　　　　　　**总分类账户本期发生额试算平衡表**　　　　　　　　单位：元

序　号	账户名称	借方金额	贷方金额
1	库存现金	160 000	2 000
2	银行存款	708 000	304 000
3	应收账款		128 000
4	其他应收款	2 000	
5	原材料	50 000	
6	固定资产	68 000	

续表

序　号	账户名称	借方金额	贷方金额
7	短期借款		300 000
8	应付账款		50 000
9	应交税费	40 000	
10	实收资本		200 000
11	主营业务收入		80 000
12	销售费用	30 000	
13	管理费用	6 000	
14	合计	1 064 000	1 064 000

习题三

解：根据交易或事项编制会计分录。

1.现购材料30吨，货款30 000元以银行存款支付，材料已验收入库（不考虑增值税）。

借：原材料　　　　　　　　　　　　　　　　　　　30 000
　　贷：银行存款　　　　　　　　　　　　　　　　　　　30 000

2.生产车间向仓库领用生产E、F两种产品所需原材料共计86 000元。

借：生产成本　　　　　　　　　　　　　　　　　　86 000
　　贷：原材料　　　　　　　　　　　　　　　　　　　　86 000

3.从银行提取现金160 000元，准备发放工资。

借：库存现金　　　　　　　　　　　　　　　　　160 000
　　贷：银行存款　　　　　　　　　　　　　　　　　　160 000

4.从银行取得3年期借款300 000元，存入银行。

借：银行存款　　　　　　　　　　　　　　　　　300 000
　　贷：长期借款　　　　　　　　　　　　　　　　　　300 000

5.以银行存款购入新汽车一辆，价值180 000元，已交付使用。

借：固定资产　　　　　　　　　　　　　　　　　180 000
　　贷：银行存款　　　　　　　　　　　　　　　　　　180 000

6.用银行存款偿还应付供应单位货款64 000元。

借：应付账款　　　　　　　　　　　　　　　　　　64 000
　　贷：银行存款　　　　　　　　　　　　　　　　　　　64 000

7.收到购货单位前欠货款48 000元，存入银行。

借：银行存款　　　　　　　　　　　　　　　　　　48 000
　　贷：应收账款　　　　　　　　　　　　　　　　　　　48 000

8.用银行存款归还已到期短期借款120 000元。

借：短期借款   120 000

    贷：银行存款   120 000

9.收到B单位作为投资投入的设备一台，价值240 000元，已投入使用。

借：固定资产   240 000

    贷：实收资本（或股本）   240 000

10.用库存现金650元购买零星材料，已验收入库（不考虑增值税）。

借：原材料   650

    贷：库存现金   650

开设各账户T形账，登记期初余额、本期发生额，计算期末余额。

借方	库存现金		贷方
期初余额	2 000		
3.	160 000	10.	650
本期发生额	160 000	本期发生额	650
期末余额	161 350		

借方	银行存款		贷方
期初余额	326 000		
4.	300 000	1.	30 000
7.	48 000	3.	160 000
		5.	180 000
		6.	64 000
		8.	120 000
本期发生额	348 000	本期发生额	554 000
期末余额	120 000		

借方	应收账款		贷方
期初余额	48 000		
		7.	48 000
本期发生额	—	本期发生额	48 000
期末余额	—		

借方	原材料		贷方
期初余额	163 000		
1.	30 000	2.	86 000
10.	650		
本期发生额	30 650	本期发生额	86 000
期末余额	107 650		

借方		库存商品		贷方
期初余额	36 000			
本期发生额	—	本期发生额		—
期末余额	36 000			

借方		固定资产		贷方
期初余额	700 000			
5.	180 000			
9.	240 000			
本期发生额	420 000	本期发生额		—
期末余额	1 120 000			

借方		生产成本		贷方
期初余额	20 000			
2.	86 000			
本期发生额	86 000	本期发生额		—
期末余额	106 000			

借方		短期借款		贷方
		期初余额		380 000
8.	120 000			
本期发生额	120 000	本期发生额		—
		期末余额		260 000

借方		应付账款		贷方
		期初余额		164 000
6.	64 000			
本期发生额	64 000	本期发生额		—
		期末余额		100 000

借方		长期借款		贷方
		期初余额		200 000
		4.		300 000
本期发生额	—	本期发生额		300 000
		期末余额		500 000

借方		实收资本		贷方
		期初余额		551 000
		9.		240 000
本期发生额	—	本期发生额		240 000
		期末余额		791 000

编制"总分类账户本期发生额及余额试算平衡表"（见表3-7）。

表 3-7　　　　　　　　　　　总分类账户本期发生额及余额试算平衡表　　　　　　　　　　单位：元

账户名称	期初余额		本期发生额		期末余额	
	借方	贷方	借方	贷方	借方	贷方
库存现金	2 000		160 000	650	161 350	
银行存款	326 000		348 000	554 000	120 000	
应收账款	48 000		—	48 000	—	
原材料	163 000		30 650	86 000	107 650	
库存商品	36 000		—	—	36 000	
固定资产	700 000		420 000		1 120 000	
生产成本	20 000		86 000		106 000	
短期借款		380 000	120 000			260 000
应付账款		164 000	64 000	—		100 000
长期借款		200 000	—	300 000		500 000
实收资本		551 000	—	240 000		791 000
合　计	1 295 000	1 295 000	1 228 650	1 228 650	1 651 000	1 651 000

习题四

解：补编会计分录如下：

1.借：其他应收款　　　　　　　　　　　　　　　　　　1 200
　　　贷：库存现金　　　　　　　　　　　　　　　　　　　　1 200
2.借：库存现金　　　　　　　　　　　　　　　　　　　1 000
　　　银行存款　　　　　　　　　　　　　　　　　　56 000
　　　贷：应收账款　　　　　　　　　　　　　　　　　　　57 000
3.借：固定资产　　　　　　　　　　　　　　　　　　60 000
　　　贷：银行存款　　　　　　　　　　　　　　　　　　　60 000
4.借：库存现金　　　　　　　　　　　　　　　　　　　4 000
　　　贷：银行存款　　　　　　　　　　　　　　　　　　　　4 000
5.借：其他应付款　　　　　　　　　　　　　　　　　60 200
　　　贷：银行存款　　　　　　　　　　　　　　　　　　　60 200
6.借：银行存款　　　　　　　　　　　　　　　　　　　4 000
　　　贷：库存现金　　　　　　　　　　　　　　　　　　　　4 000
7.借：银行存款　　　　　　　　　　　　　　　　　　206 200
　　　贷：应收账款　　　　　　　　　　　　　　　　　　206 200

8.借：应付账款　　　　　　　　　　　　　　　　286 000
　　贷：银行存款　　　　　　　　　　　　　　　　　　286 000
9.借：库存现金　　　　　　　　　　　　　　　　　4 000
　　贷：银行存款　　　　　　　　　　　　　　　　　　　4 000
10.借：原材料　　　　　　　　　　　　　　　　　　1 600
　　贷：库存现金　　　　　　　　　　　　　　　　　　　1 600

说明各项交易或者事项的内容如下：

1.以库存现金1 200元支付应收或暂付的款项。

2.收回购货单位偿还前欠购货款项57 000元，其中，1 000元为库存现金，56 000元为银行存款。

3.以银行存款60 000元购入一项固定资产。

4.从银行提取库存现金4 000元。

5.以银行存款60 200元归还其他应付款。

6.将库存现金4 000元存入银行。

7.收回购货单位偿还前欠购货款项206 200元存入银行。

8.以银行存款286 000元归还企业前欠供应单位购货款项。

9.从银行提取库存现金4 000元。

10.以库存现金1 600元购入原材料。

根据T形账本期发生额编制"总分类账户本期发生额试算平衡表"（见表3-8）。

表3-8　　　　　　　　　总分类账户本期发生额试算平衡表　　　　　　　　单位：元

序　号	账户名称	借方金额	贷方金额
1	库存现金	9 000	6 800
2	银行存款	266 200	414 200
3	应收账款		263 200
4	其他应收款	1 200	
5	原材料	1 600	
6	固定资产	60 000	
7	应付账款	286 000	
8	其他应付款	60 200	
9	合计	684 200	684 200

习题五

解：账户分类情况见表3-9。

表 3-9 账户按经济内容分类

大 类	小 类	账户名称
一、资产类	流动资产类	库存现金、银行存款、交易性金融资产、应收票据、应收账款、预付账款、其他应收款、坏账准备、在途物资、原材料、库存商品
	非流动资产类	固定资产、累计折旧、在建工程、工程物资、无形资产、待处理财产损溢
二、负债类	流动负债类	短期借款、应付票据、应付账款、预收账款、应交税费、应付职工薪酬、应付股利、应付利息、其他应付款
	非流动负债类	长期借款
三、共同类		
四、所有者权益类	注册资本类	实收资本（股本）
	资本积累类	资本公积、盈余公积、本年利润、利润分配
五、成本类		生产成本、制造费用
六、损益类	广义收入类	主营业务收入、其他业务收入、营业外收入
	广义费用类	主营业务成本、其他业务成本、税金及附加、销售费用、管理费用、财务费用、资产减值损失、营业外支出、所得税费用
	收入、费用双重性质类	投资收益

填制和审核会计凭证

第四章

一、本章内容结构

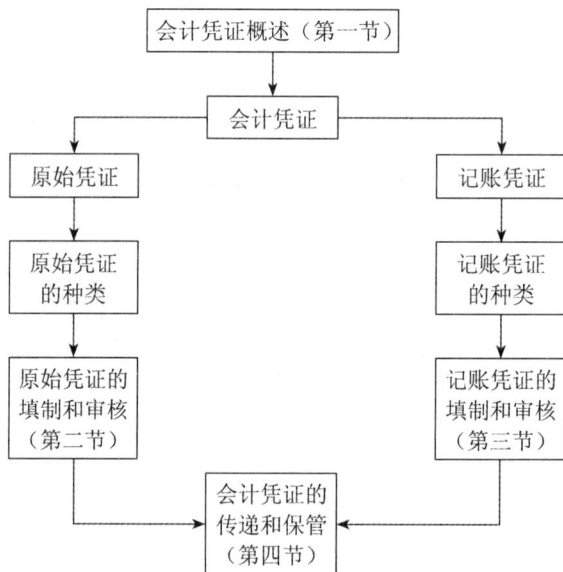

```
        ┌─────────────────────────┐
        │  会计凭证概述（第一节）    │
        └────────────┬────────────┘
                     ↓
              ┌───────────┐
              │  会计凭证   │
              └─────┬─────┘
           ┌────────┴────────┐
           ↓                 ↓
      ┌─────────┐       ┌─────────┐
      │ 原始凭证  │       │ 记账凭证  │
      └────┬────┘       └────┬────┘
           ↓                 ↓
      ┌─────────┐       ┌─────────┐
      │ 原始凭证  │       │ 记账凭证  │
      │ 的种类    │       │ 的种类    │
      └────┬────┘       └────┬────┘
           ↓                 ↓
      ┌─────────┐       ┌─────────┐
      │ 原始凭证的 │       │ 记账凭证的 │
      │ 填制和审核 │       │ 填制和审核 │
      │ （第二节） │       │ （第三节） │
      └────┬────┘       └────┬────┘
           │    ┌─────────┐   │
           └───→│ 会计凭证的 │←──┘
                │ 传递和保管 │
                │ （第四节） │
                └─────────┘
```

　　填制和审核会计凭证，是对发生的每一笔交易或者事项，为取得发生的"凭据"和登记账簿的依据而采用的一种专门核算方法，是会计核算工作的起点和基础，也是对交易或者事项进行日常监督的重要手段。会计凭证按编制程序和用途不同，分为原始凭证和记账凭证。原始凭证可以按不同的标志进行分类，记账凭证也可以按不同的标志进行分类（第一节），但是，无论什么样的原始凭证，都要按规定的要求填制并进行审核，才可能成为具有法律效力的书面证明文件（第二节）。同样，记账凭证也要按规定的要求填制和审核，才可能作为登记账簿的直接依据（第三节）。原始凭证和会计凭证都是重要的会计档案，因此，要按规定的传递程序执行，按规定的传递时间和传递手续进行传递并妥善进行保管（第四节）。

二、本章学习目的与要求

　　本章阐述了原始凭证的填制和审核、记账凭证的填制和审核、会计凭证的传递和保管三部分主要内容。目的是使初学者掌握第三个会计核算方法——填制和审核会计凭证，明确填制和审核会计凭证是会计核算工作的起点和基础。要求初学者在准确掌握原始凭证、记账凭证概念的基础上，熟悉原始凭证、记账凭证按不同标志进行分类的结果以及每种类型的格式、内容，熟悉原始凭证的填制要求和对原始凭证审核的三个层次；掌握记账凭证的填制要求和审核，并能熟练准确地填制记账凭证；了解会计凭证的传递和保管。

三、本章重点与难点

（一）重点

1.掌握会计凭证、原始凭证、记账凭证的含义、分类、格式和基本内容。

2.原始凭证的审核。

3.记账凭证的填制。

将上述内容作为本章重点，是因为只有对原始凭证进行认真审核，才能保证交易或者事项的合法性、真实性、合理性、合规性、完整性和正确性。只有按规定的要求填制记账凭证才能保证会计信息的真实性、有用性、完整性。

（二）难点

1.记账凭证按不同标志的分类、格式和基本内容。

2.各种记账凭证的填制。

四、练习题

（一）填空题

1.会计凭证，简称凭证，是指记录（   ），明确经济责任或者确定会计分录，作为（   ）间接或者直接依据的书面凭据和证明。

2.会计凭证按其编制程序和用途的不同，可以分为（   ）和（   ）两大类。

3.（   ），亦称单据，是在交易或者事项发生后取得或编制的，用以记录或证明交易或者事项发生情况，明确经济责任，一般具有（   ）的书面证明。

4.外来原始凭证是指交易或者事项经办人员在（   ）发生后从（   ）取得的原始凭证。

5.自制原始凭证是指由（   ）经办业务的部门和人员，在执行或完成某项交易或者事项后（   ）的原始凭证。

6.（   ），也称多次有效凭证。它是指在一定时期内在一张凭证上多次记录重复发生的（   ）交易或者事项，直到期末凭证的填制手续结束才完成的原始凭证。

7.（   ），也称为原始凭证汇总表。它是指把一定时期内反映（   ）交易或者事项内容的若干张原始凭证，按照一定标准汇总在一张凭证上，以集中反映某项交易或者事项发生情况的原始凭证。

8.记账凭证是会计人员根据审核无误的原始凭证编制的，用来确定交易或者事项（　　）的会计科目和（　　），作为登记账簿直接依据的会计凭证。

9.记账凭证按其用途不同可以分为（　　）和（　　）两种。

10.专用记账凭证按其反映交易或者事项的内容不同，又可以分为（　　）、（　　）、转账凭证。

11.记账凭证按是否经过汇总，可分为（　　）和（　　）两种。

12.转账业务是指不涉及（　　）、（　　）增减变动的经济业务。

13.原始凭证有错误的，不得随意涂改、刮擦、粘补，应当由出具单位（　　）或者（　　）。

14.原始凭证金额有错误的，应当由出具单位（　　），不得在原始凭证上（　　）。

15.汇总记账凭证又分为（　　）汇总记账凭证和（　　）汇总记账凭证。

16.在实际工作中，出纳人员应根据会计管理人员或指定人员审核批准的（　　），作为记录货币资金收入的依据。根据会计管理人员或指定人员审核批准的（　　），作为记录货币资金支出的依据。

17.涉及库存现金和银行存款之间的划转业务，按规定只填制（　　），以免（　　）。

18.会计凭证的传递，是指从会计凭证的取得或填制时起，经过审核、记账、整理、装订到归档保管，在单位内部各有关部门和人员之间按规定的（　　）、（　　）和传递手续办理业务和进行处理的过程。

19.会计凭证的保管是指会计凭证的装订、编号、存档和按规定办理（　　）及（　　）的全过程。

（二）单项选择题

1.会计凭证分为原始凭证和记账凭证。这种分类的标准是（　　）。

A.编制程序和用途　　　　　　　B.形成来源

C.用途　　　　　　　　　　　　D.填制方式

2.原始凭证可分为一次凭证、累计凭证、汇总原始凭证、记账编制凭证。这种分类的标准是（　　）。

A.用途和填制程序　　　　　　　B.形成来源

C.填制手续和方法　　　　　　　D.填制程序

3.下列原始凭证中，属于外来原始凭证的是（　　）。

A.产品入库单　　　　　　　　　B.发出材料汇总表

C.普通购货发票　　　　　　　　D.领料单

4.下列原始凭证中，不属于自制原始凭证的是（　　）。

A.购货发货票　　　　　　　　　B.销售发货票

C.产品入库单　　　　　　　　　D.差旅费报销单

5.将同类交易或者事项汇总编制的原始凭证称为（　　）。

A.一次凭证　　　　　　　　　B.累计凭证
C.记账编制凭证　　　　　　　D.汇总原始凭证

6.下列人员中，填制记账凭证的人员是（　　）。
A.出纳人员　　　　　　　　　B.会计人员
C.经办人员　　　　　　　　　D.主管人员

7.下列各项中，属于记账凭证填制依据的是（　　）。
A.交易或者事项　　　　　　　B.财务报表
C.账簿纪录　　　　　　　　　D.审核后的原始凭证

8.如果企业发生库存现金和银行存款之间相互划转的业务，应该编制的专用记账凭证是（　　）。
A.收款凭证　　　　　　　　　B.付款凭证
C.转账凭证　　　　　　　　　D.原始凭证

9.下列各项中，属于对货币收付以外的业务应编制的专用记账凭证是（　　）。
A.收款凭证　　　　　　　　　B.付款凭证
C.转账凭证　　　　　　　　　D.原始凭证

10.下列各项中，可以作为出纳人员付出货币资金依据的是（　　）。
A.收款凭证　　　　　　　　　B.付款凭证
C.转账凭证　　　　　　　　　D.原始凭证

11.下列各项中，属于原始凭证主要作用的是（　　）。
A.登记账簿的依据　　　　　　B.证明交易或者事项发生情况
C.对交易或者事项进行分类　　D.保证账簿记录的正确性

12.下列各项中，不属于一次凭证的是（　　）。
A.销售商品时开具的增值税专用发票
B.购进材料时开具的入库单
C.限额领料单
D.领料单

13.下列各项中，属于原始凭证列明"凭证填制单位或填制人姓名"和"接受单位名称"的作用的是（　　）。
A.明确经济责任　　　　　　　B.反映交易或者事项的主要内容
C.反映交易或者事项的种类　　D.反映交易或者事项的来龙去脉

14.下列各项中，属于会计凭证传递实质的是（　　）。
A.在各部门、各环节之间起协调和组织作用
B.有利于完善经济责任制制度
C.及时进行会计记录
D.有利于合理建立企业的组织机构

15.某采购员报账时，所持发票与入库单所反映的经济内容一致，但入库单中仓库保管员没有签字。对此正确的处理是（　　）。

A.根据原始凭证编制记账凭证

B.退回经办人员更正后再办理会计手续

C.不受理

D.向有关负责人报告

16.企业从银行提取现金，对此正确的处理是（　　　）。

A.编制库存现金收款凭证　　　　　　B.编制库存现金付款凭证

C.编制银行存款收款凭证　　　　　　D.编制银行存款付款凭证

17.某会计人员根据原始凭证编制记账凭证时，将"库存现金"科目误用为"银行存款"科目。对此常用的处理方法是（　　　）。

A.重新编制记账凭证　　　　　　　　B.按照划线更正法进行更正

C.编制红字凭证对其冲销　　　　　　D.退回经办人员更正

18.下列不属于原始凭证基本内容的是（　　　）。

A.填制日期　　　　　　　　　　　　B.交易或者事项内容

C.应借、应贷科目　　　　　　　　　D.有关人员签章

19.产品生产领用材料，应编制的专用记账凭证是（　　　）。

A.收款凭证　　　　　　　　　　　　B.付款凭证

C.转账凭证　　　　　　　　　　　　D.一次凭证

20.限额领料单是一种（　　　）。

A.一次凭证　　　　　　　　　　　　B.累计凭证

C.单式凭证　　　　　　　　　　　　D.汇总凭证

21.填制会计凭证是（　　　）的前提和依据。

A.成本计算　　　　　　　　　　　　B.编制财务报表

C.登记账簿　　　　　　　　　　　　D.设置账户

22.以银行存款归还银行借款的业务，应编制（　　　）。

A.转账凭证　　　　　　　　　　　　B.收款凭证

C.付款凭证　　　　　　　　　　　　D.以上均可

23.原始凭证的金额出现错误，正确的更正方法是（　　　）。

A.由出具单位更正，并在更正处盖章

B.由取得单位更正，并在更正处盖章

C.由出具单位重开

D.由出具单位另开证明，作为原始凭证的附件

24.会计凭证的传递，是指（　　　），在单位内部各有关部门和人员之间按规定的传递程序、传递时间和传递手续办理业务和进行处理的过程。

A.从取得原始凭证起到编制成记账凭证时止

B.从取得原始凭证到登记账簿时止

C.从填制记账凭证到编制财务报表时止

D.从取得或填制会计凭证起到归档保管时止

25.以下所列不能作为原始凭证的是（　　　）。

A.发货票　　　　　　　　　　B.收料单

C.经济合同　　　　　　　　　D.领料单

26.会计人员审核原始凭证时发现有差错，应由（　　　）更正。

A.原制单人员　　　　　　　　B.经办人员

C.出纳人员　　　　　　　　　D.审批人员

27.制造费用分配表属于（　　　）。

A.外来原始凭证　　　　　　　B.累计凭证

C.汇总原始凭证　　　　　　　D.记账编制凭证

28.付款凭证的贷方科目为（　　　）。

A."库存现金"　　　　　　　　B."银行存款"

C."库存现金"或"银行存款"　 D.任何一个会计科目

29.销售产品一批，部分货款已收回并存入银行，另有部分货款尚未收回，应填制的专用记账凭证是（　　　）。

A.收款凭证和转账凭证　　　　B.付款凭证和转账凭证

C.收款凭证和付款凭证　　　　D.两张转账凭证

30.对于合法、真实、合理、合规，但填写有错误的原始凭证，按规定应（　　　）。

A.上报有关部门　　　　　　　B.退回重新填制

C.拒绝办理会计手续　　　　　D.自行更改后办理会计手续

31.企业销售产品时，取得收入1 002.36元，在发票上汉字大写金额的正确写法是（　　　）。

A.壹仟零贰元叁角陆分整　　　B.壹仟另贰元叁角陆分

C.壹仟零零贰元叁角陆分　　　D.壹仟贰零贰元叁角陆分

32.审核原始凭证时，对于内容合法、合理但不够完整的凭证，正确的处理办法是（　　　）。

A.同意接受，并补办会计手续　B.拒绝接受，并报告企业主管

C.暂缓接受，要求补添齐全　　D.拒绝接受，并报告审计机关

33.材料采购过程中签订的购销合同属于（　　　）。

A.自制原始凭证　　　　　　　B.外来原始凭证

C.记账凭证　　　　　　　　　D.以上都不是

34.填制记账凭证时，要求有关人员逐一签章的主要目的是（　　　）。

A.明确经济责任　　　　　　　B.手续齐全

C.表明凭证的传递程序　　　　D.互相制约

35.记账凭证和原始凭证的金额（　　　）。

A.可能相等　　　　　　　　　B.可能不相等

C.一定不相等　　　　　　　　D.必须相等

（三）多项选择题

1.填制和审核会计凭证的作用有（   ）。

A.是审核、监督交易或者事项真实性、合理性和合法性的依据

B.是明确交易或者事项有关方面经济责任的依据

C.是登记会计账簿的依据

D.控制经济活动

E.加强企业内部控制和管理

2.下列各项中，属于会计凭证按编制程序和用途分类的类别有（   ）。

A.原始凭证　　　　　　　　　　B.累计凭证

C.记账凭证　　　　　　　　　　D.转账凭证

E.一次凭证

3.下列凭证中，属于原始凭证的有（   ）。

A.产品成本计算单　　　　　　　B.发出材料汇总表

C.发货票　　　　　　　　　　　D.付款凭证

E.收款凭证

4.下列凭证中，属于自制原始凭证的有（   ）。

A.购货发货票　　　　　　　　　B.销货发货票

C.发出材料汇总表　　　　　　　D.差旅费报销单

E.银行进账单

5.下列各项中，属于外来原始凭证的有（   ）。

A.记账编制凭证　　　　　　　　B.火车票

C.购进材料发票　　　　　　　　D.销售商品发票

E.差旅费报销单

6.下列各项中，属于原始凭证基本内容的有（   ）。

A.原始凭证的名称　　　　　　　B.原始凭证的填制日期

C.交易双方单位的名称　　　　　D.经办人员的签章

E.交易或者事项的内容、单位、数量、单价和金额

7.原始凭证按其填制手续和方法不同，可以分为（   ）。

A.一次凭证　　　　　　　　　　B.累计凭证

C.汇总原始凭证　　　　　　　　D.记账编制凭证

E.汇总记账凭证

8.下列各项中，属于原始凭证审核的内容有（   ）。

A.合法性、真实性　　　　　　　B.全面性、系统性

C.合理性、合规性　　　　　　　D.相关性、可比性

E.完整性、正确性

9.专用记账凭证按其反映交易或者事项的内容不同，可分为（   ）。

A.汇总记账凭证　　　　　　　　B.收款凭证

C.付款凭证 　　　　　　　　　D.转账凭证

E.非汇总记账凭证

10.收款凭证的作用有（　　　）。

A.出纳人员据此收入货币资金

B.出纳人员据此付出货币资金

C.出纳人员据此登记库存现金日记账

D.出纳人员据此登记银行存款日记账

E.会计人员据此登记库存现金和银行存款总账

11.下列各项中，属于记账凭证基本内容的有（　　　）。

A.记账凭证的名称

B.填制记账凭证的日期

C.交易或者事项的内容摘要

D.应借、应贷账户的名称、记账方向和金额

E.记账标记，所附原始凭证张数，有关人员签章

12.下列各项中，属于记账凭证填制要求的有（　　　）。

A.填制及时 　　　　　　　　　B.按顺序填写，不得留有空行

C.合法、有效、真实 　　　　　D.内容必须完整、正确

E.必须以审核无误的原始凭证或者汇总原始凭证填制记账凭证

13.下列各项中，属于领用材料应填制的原始凭证有（　　　）。

A.入库单 　　　　　　　　　　B.发出材料汇总表

C.送货单 　　　　　　　　　　D.领料单

E.购货发票

14.下列各项中，属于销售商品应填制的原始凭证有（　　　）。

A.销售商品发票 　　　　　　　B.销售商品出库单

C.销售货款结算单 　　　　　　D.销售商品合同单

E.采购商品入库单

15.银行存款的收、付业务，涉及下列各项记账凭证的有（　　　）。

A.库存现金收款凭证 　　　　　B.库存现金付款凭证

C.银行存款收款凭证 　　　　　D.银行存款付款凭证

E.转账凭证

16.收料单是（　　　）。

A.外来原始凭证 　　　　　　　B.自制原始凭证

C.一次凭证 　　　　　　　　　D.累计凭证

E.汇总原始凭证

17.限额领料单是（　　　）。

A.外来原始凭证 　　　　　　　B.自制原始凭证

C.一次凭证 　　　　　　　　　D.累计凭证

E.汇总原始凭证

18.下列交易或者事项中，应填制转账凭证的有（　　　）。

A.国家以厂房对企业投资　　　　　　B.外商以货币资金对企业投资

C.购买材料未付款　　　　　　　　　D.销售商品收到商业汇票一张

E.收回前欠货款

19.下列交易或者事项中，应填制付款凭证的有（　　　）。

A.从银行提现金备用　　　　　　　　B.购买材料预付订金

C.将现金存入银行　　　　　　　　　D.以银行存款支付前欠某单位货款

E.销售商品未收款

20.下列说法正确的有（　　　）。

A.原始凭证必须记录真实，内容完整

B.一般原始凭证发生错误，必须按规定办法更正

C.原始凭证金额有错误的，应当由出具单位重开，不得在原始凭证上更正

D.购买实物的原始凭证，必须有验收证明

E.一式几联的原始凭证，必须注明各联的用途

21.付款凭证左上角的"贷方科目"登记的科目可能为（　　　）。

A.应付账款　　　　　　　　　　　　B.银行存款

C.库存现金　　　　　　　　　　　　D.管理费用

E.应收账款

22.外来原始凭证应该是（　　　）。

A.从企业外部取得的　　　　　　　　B.由本企业会计人员填制的

C.一次凭证　　　　　　　　　　　　D.盖有填制单位业务专用章的

E.累计凭证

23.会计凭证的保管应做到（　　　）。

A.定期归档以便查阅　　　　　　　　B.查阅会计凭证要有手续

C.保证会计凭证的安全、完整　　　　D.办理了相关手续后方可销毁

E.对于保管期满但未结清的债权、债务的原始凭证，不得销毁

24.下列不属于记账凭证的有（　　　）。

A.汇总库存现金收款凭证　　　　　　B.科目汇总表

C.库存现金收入汇总表　　　　　　　D.记账编制凭证

E.汇总库存现金付款凭证

25.原始凭证的填制要求包括（　　　）。

A.记录真实　　　　　　　　　　　　B.内容完整

C.书写规范　　　　　　　　　　　　D.填制及时

E.使用会计科目正确

26.制造费用分配表是（　　　）。

A.由出纳人员填制的　　　　　　　　B.由会计人员填制的

C.采用选定的分配标准计算填制的

D.根据原始凭证填制的

E.属于原始凭证的记账编制凭证

27.购买材料时收到的增值税专用发票（　　　）。

A.属于自制原始凭证　　　　　　　　B.属于外来原始凭证

C.由税务部门统一印制的　　　　　　D.增值税金额为进项税额

E.必须有开票单位加盖的业务专用章才能有效

28.办公室职工李明报销差旅费800元，交回剩余现金200元，对此经济业务应填制的专用记账凭证为（　　　）。

A.库存现金收款凭证，金额200元　　B.管理费用转账凭证，金额800元

C.可以只填制一张转账凭证　　　　　D.必须填制两张专用记账凭证

E.库存现金付款凭证，金额为200元

（四）判断题

1.所有的会计凭证都是登记账簿的直接依据。　　　　　　　　　　（　　）

2.所有的会计凭证都应有签名或盖章。　　　　　　　　　　　　　（　　）

3.自制原始凭证都是一次凭证。　　　　　　　　　　　　　　　　（　　）

4.记账编制凭证是根据账簿记录填制的。　　　　　　　　　　　　（　　）

5.为简化核算，可将反映类似的交易或者事项的原始凭证，汇总编制一张汇总原始凭证。　　　　　　　　　　　　　　　　　　　　　　　　　　　　（　　）

6.付款凭证是出纳人员付出货币的依据。　　　　　　　　　　　　（　　）

7.企业编制专用记账凭证时，与货币收付无关的业务一律编制转账凭证。

　　　　　　　　　　　　　　　　　　　　　　　　　　　　　　（　　）

8.从银行提取现金时，按规定可以编制库存现金收款凭证。　　　　（　　）

9.记账凭证的填制日期应是交易或者事项发生或完成的日期。　　　（　　）

10.原始凭证不得使用圆珠笔填写。　　　　　　　　　　　　　　（　　）

11.原始凭证和记账凭证都是具有法律效力的书面证明文件。　　　（　　）

12.会计凭证的保管期满以后，企业可自行进行处理。　　　　　　（　　）

13.科目汇总表只能作为登记总账的依据。　　　　　　　　　　　（　　）

14.填制和审核会计凭证是会计核算的一种专门方法。　　　　　　（　　）

15.在所有会计凭证上只要财会人员签字盖章，该凭证便具备了合法性、真实性和正确性。　　　　　　　　　　　　　　　　　　　　　　　　　　　（　　）

16.外来原始凭证都是一次性使用的会计凭证。　　　　　　　　　（　　）

17.记账凭证只能根据一张原始凭证编制。　　　　　　　　　　　（　　）

18.为了防止涂改，一切会计凭证都应填写大写的金额。　　　　　（　　）

19.发货票、购货合同、收据都是原始凭证。　　　　　　　　　　（　　）

20.复印的原始凭证可以作为记账凭证的依据。　　　　　　　　　（　　）

21.汇总原始凭证，也称原始凭证汇总表。　　　　　　　　　　　（　　）

22.各种原始凭证的填制，都应由会计人员填写，非会计人员不得填写，以保证原始凭证填制的正确性。　　　　　　　　　　　　　　　（　　）

（五）名词解释

1.会计凭证　　　　　　　　2.原始凭证

3.记账凭证　　　　　　　　4.外来原始凭证

5.一次凭证　　　　　　　　6.累计凭证

7.汇总原始凭证　　　　　　8.记账编制凭证

9.自制原始凭证　　　　　　10.会计凭证的传递

11.会计凭证的保管

（六）简答题

1.简述会计凭证的含义，以及填制和审核会计凭证的作用。

2.原始凭证应包括哪些基本内容？

3.原始凭证的填制应遵循哪些基本要求？

4.应从哪些方面对原始凭证进行审核？

5.简述记账凭证与原始凭证的区别。

6.记账凭证包括哪些基本内容？

7.应从哪些方面对记账凭证进行审核？

8.简述会计凭证传递的含义，以及会计凭证传递的作用。

（七）业务题

习题一

目的：练习通用记账凭证的编制。

资料：某企业20××年6月发生下列交易或者事项：

1.6月2日，A投资者投资80 000元，存入银行；

2.6月10日，以银行存款20 000元购买甲材料，材料已验收入库（不考虑增值税，下同）；

3.6月11日，以银行存款300 000元购买不需安装的乙设备；

4.6月15日，以银行存款偿还前欠B企业的货款150 000元；

5.6月18日，收回C公司前欠货款50 000元，存入银行；

6.6月20日，从银行提取现金4 000元；

7.6月22日，企业管理人员王玲借款2 000元作为暂借差旅费；

8.6月24日，以银行存款120 000元偿还短期借款；

9.6月25日，企业管理人员王玲出差回来，报销费用1 800元，余额退回现金；

10.6月29日，从银行借入短期借款100 000元。

要求：根据上述交易或者事项编制通用记账凭证。

习题二

目的：练习专用记账凭证的编制（以会计分录代替）。

资料：某企业20××年6月份发生的部分交易或者事项如下：

1.向银行取得1年期借款100 000元，存入银行；

2.某职工暂借差旅费600元；

3.领用材料一批，其中生产车间生产产品领用60 000元，管理部门领用5 000元；

4.以银行存款支付本月厂部办公费7 000元；

5.计算本月应纳所得税5 000元；

6.计算本月固定资产折旧费，其中产品成本负担10 000元，管理费用负担6 000元；

7.从银行提取现金3 000元。

要求：根据上述交易或者事项编制专用记账凭证的会计分录，并按现收、银收、现付、银付、转字进行编号。

五、练习题参考答案

（一）填空题

1.交易或者事项；登记账簿　　2.原始凭证；记账凭证

3.原始凭证；法律效力　　　　4.交易或者事项；外单位

5.本单位；自行填制　　　　　6.累计凭证；同类

7.汇总原始凭证；相同　　　　8.应借、应贷；金额

9.专用记账凭证；通用记账凭证　10.收款凭证；付款凭证

11.非汇总记账凭证；汇总记账凭证　12.库存现金；银行存款

13.重开；划线更正　　　　　　14.重开；更正

15.分类；全部　　　　　　　　16.收款凭证；付款凭证

17.付款凭证；重复记账　　　　18.传递程序；传递时间

19.调阅手续；到期销毁

（二）单项选择题

1.A　2.C　3.C　4.A　5.D　6.B　7.D　8.B　9.C　10.B　11.B　12.C　13.D
14.A　15.B　16.D　17.A　18.C　19.C　20.B　21.C　22.C　23.C　24.D　25.C
26.A　27.D　28.C　29.A　30.B　31.D　32.C　33.D　34.A　35.D

（三）多项选择题

1.ABC　2.AC　3.ABC　4.BCD　5.BC　6.ABCDE　7.ABCD　8.ACE　9.BCD
10.ACDE　11.ABCDE　12.BDE　13.BD　14.ABC　15.BCD　16.BC　17.BD
18.ACD　19.ABCD　20.ABCDE　21.BC　22.ACD　23.ABCDE　24.CD　25.ABCD
26.BCE　27.BCDE　28.ABD

（四）判断题

1.×　2.×　3.×　4.√　5.×　6.√　7.√　8.×　9.×　10.×　11.×　12.×　13.√
14.√　15.×　16.√　17.×　18.×　19.×　20.×　21.√　22.×

（五）名词解释

1.会计凭证，简称凭证，是指记录交易或者事项，明确经济责任或者确定会计分录，作为登记账簿间接或者直接依据的书面凭据和证明。

2.原始凭证，亦称单据，是在交易或者事项发生或完成时取得或编制的，用以记录或证明交易或者事项发生或完成情况，明确经济责任，具有法律效力的书面证明。

3.记账凭证是会计人员根据审核无误的原始凭证编制的，用来确定交易或者事项应借、应贷的会计科目和金额，作为登记账簿直接依据的会计凭证。

4.外来原始凭证是指交易或者事项经办人员在交易或者事项发生后从外单位取得的原始凭证。

5.一次凭证，也称一次有效凭证。它是指对一项交易或者事项或若干项同类性质交易或者事项在其发生后，一次填制完毕的原始凭证。

6.累计凭证，也称多次有效凭证。它是指在一定时期内在一张凭证上多次记录重复发生的同类交易或者事项，直到期末凭证的填制手续结束才完成的原始凭证。

7.汇总原始凭证，也称为原始凭证汇总表。它是指把一定时期内反映同类交易或者事项的若干张原始凭证，按照一定标准汇总在一张凭证上，以集中反映某项交易或者事项发生情况的原始凭证。

8.记账编制凭证是指由会计人员根据已经入账的结果，对某些特定事项进行归类、整理而填制的原始凭证。

9.自制原始凭证是指由本单位经办业务的部门和人员，在执行或完成某项交易或者事项后自行填制的原始凭证。

10.会计凭证的传递是指从会计凭证的取得或填制时起，经过审核、记账、整理、装订到归档保管，在单位内部各有关部门和人员之间按规定的传递程序、传递时间和传递手续办理业务和进行处理的过程。

11.会计凭证的保管是指会计凭证的装订、编号、存档和按规定办理调阅手续及到期销毁的全过程。

（六）简答题

1.简述会计凭证的含义，以及填制和审核会计凭证的作用。

答：会计凭证，简称凭证，是指记录交易或者事项，明确经济责任或者确定会计分录，作为登记账簿间接或者直接依据的书面凭据。填制和审核会计凭证在经济管理中具有重要的作用，概括起来，主要有以下三个方面：

（1）填制和审核会计凭证，是审核、监督交易或者事项真实性、合理性和合法性的依据；

（2）填制和审核会计凭证是明确交易或者事项有关方面经济责任的依据；

（3）填制和审核会计凭证是登记会计账簿的依据。

2.原始凭证应包括哪些基本内容？

答：原始凭证无论其格式、外表形状多么不同，就基本内容来看都有以下几方面的共同点：

（1）原始凭证的名称；

（2）原始凭证的填制日期；

（3）交易双方单位的名称；

（4）交易或者事项的内容、单位、数量、单价和金额；

（5）经办人员的签章。

3.原始凭证的填制应遵循哪些基本要求？

答：原始凭证的填制应遵循以下基本要求：

（1）记录真实；

（2）内容完整；

（3）书写规范；

（4）填制及时。

4.应从哪些方面对原始凭证进行审核？

答：对原始凭证的审核应从以下几个方面进行：

（1）审核原始凭证的合法性、真实性；

（2）审核原始凭证的合理性、合规性；

（3）审核原始凭证的完整性、正确性。

5.简述记账凭证与原始凭证的区别。

答：记账凭证和原始凭证同属于会计凭证，但二者存在以下区别：

（1）在填制人员方面，原始凭证由经办人员填制，记账凭证由会计人员填制；

（2）在填制依据方面，原始凭证根据交易或者事项填制，记账凭证根据审核后的原始凭证填制；

（3）在填制内容方面，原始凭证证明交易或者事项已经发生，记账凭证通过会计科目对已经发生的交易或者事项进行分类；

（4）在凭证的用途方面，原始凭证是填制记账凭证的依据，记账凭证是登记账簿的直接依据。

6.记账凭证包括哪些基本内容？

答：记账凭证包括以下基本内容：

（1）记账凭证的名称；

（2）凭证的填制日期；

（3）记账凭证的编号；

（4）交易或者事项的内容摘要；

（5）应借、应贷账户的名称、记账方向和金额，即会计分录；

（6）记账标记；

（7）所附原始凭证的张数；

（8）会计主管、复核、记账、制证人员的签名或盖章，收、付款凭证还要有出纳人员的签名或盖章。

7.应从哪些方面对记账凭证进行审核？

答：记账凭证的审核内容包括以下内容：

（1）是否与原始凭证内容相符，是指记账凭证是否完全依据原始凭证或汇总原始凭证填制，包括：原始凭证是否齐全；内容是否与原始凭证相符；摘要是否准确反映原始凭证的内容，会计科目是否准确体现原始凭证中的交易或者事项，金额是否与原始凭证相一致。

（2）内容是否完整、正确，也就是记账凭证的所有项目是否填列齐全，且准确无误。所有项目是否逐一填列，有无省略或漏填。填写内容是否正确。

8.简述会计凭证传递的含义，以及会计凭证传递的作用。

答：会计凭证的传递，是指从会计凭证的取得或填制时起，经过审核、记账、整理、装订到归档保管，在单位内部各有关部门和人员之间按规定的传递程序、传递时间和传递手续办理业务和进行处理的过程。会计凭证既是对交易或者事项的记录，又是办理经济手续的依据，因此，正确组织会计凭证的传递具有相当重要的作用，主要表现在以下三个方面：

（1）有利于交易或者事项的正常开展，提高经济活动的效率；

（2）有利于完善岗位责任制，加强会计管理；

（3）有利于及时进行会计管理和会计核算。

（七）业务题

习题一

解：编制通用记账凭证如下（见表4-1至表4-10，附件张数及有关人员签章略）：

1.

记账凭证

表4-1　　　　　　　　　　　　　20××年6月2日　　　　　　　　　　　　第1号

摘　要	总账科目	明细科目	借方金额	贷方金额	记　账
A投资者投资	银行存款		80 000		
	实收资本	A投资者		80 000	
附单据　张	合　　计		￥80 000	￥80 000	

会计主管：　　　　记账：　　　　出纳：　　　　审核：　　　　制证：

2.

表 4-2 **记账凭证**

20××年 6 月 10 日　　　　　　　　　　第 2 号

摘　　要	总账科目	明细科目	借方金额	贷方金额	记　　账
购入材料	原材料	甲材料	20 000		
	银行存款			20 000	
附单据　张	合　　　计		￥20 000	￥20 000	

会计主管:　　　　记账:　　　　出纳:　　　　审核:　　　　制证:

3.

表 4-3 **记账凭证**

20××年 6 月 11 日　　　　　　　　　　第 3 号

摘　　要	总账科目	明细科目	借方金额	贷方金额	记　　账
购买设备	固定资产	乙设备	300 000		
	银行存款			300 000	
附单据　张	合　　　计		￥300 000	￥300 000	

会计主管:　　　　记账:　　　　出纳:　　　　审核:　　　　制证:

4.

表 4-4 **记账凭证**

20××年 6 月 15 日　　　　　　　　　　第 4 号

摘　　要	总账科目	明细科目	借方金额	贷方金额	记　　账
偿还前欠货款	应付账款	B 企业	150 000		
	银行存款			150 000	
附单据　张	合　　　计		￥150 000	￥150 000	

会计主管:　　　　记账:　　　　出纳:　　　　审核:　　　　制证:

5.

表 4-5 **记账凭证**

20××年 6 月 18 日　　　　　　　　　　第 5 号

摘　　要	总账科目	明细科目	借方金额	贷方金额	记　　账
收回前欠货款	银行存款		50 000		
	应收账款	C 公司		50 000	
附单据　张	合　　　计		￥50 000	￥50 000	

会计主管:　　　　记账:　　　　出纳:　　　　审核:　　　　制证:

6.

表4-6

记账凭证

20××年6月20日　　　　　　　　　　　　　　　　第6号

摘　要	总账科目	明细科目	借方金额	贷方金额	记　账
提取现金备用	库存现金		4 000		
	银行存款			4 000	
附单据　张	合　　计		￥4 000	￥4 000	

会计主管：　　　　记账：　　　　　出纳：　　　　　审核：　　　　　制证：

7.

表4-7

记账凭证

20××年6月22日　　　　　　　　　　　　　　　　第7号

摘　要	总账科目	明细科目	借方金额	贷方金额	记　账
王玲预借差旅费	其他应收款	王玲	2 000		
	库存现金			2 000	
附单据　张	合　　计		￥2 000	￥2 000	

会计主管：　　　　记账：　　　　　出纳：　　　　　审核：　　　　　制证：

8.

表4-8

记账凭证

20××年6月24日　　　　　　　　　　　　　　　　第8号

摘　要	总账科目	明细科目	借方金额	贷方金额	记　账
偿还银行短期借款	短期借款		120 000		
	银行存款			120 000	
附单据　张	合　　计		￥120 000	￥120 000	

会计主管：　　　　记账：　　　　　出纳：　　　　　审核：　　　　　制证：

9.

表4-9

记账凭证

20××年6月25日　　　　　　　　　　　　　　　　第9号

摘　要	总账科目	明细科目	借方金额	贷方金额	记　账
王玲报销差旅费	管理费用		1 800		
	库存现金		200		
	其他应收款	王玲		2 000	
附单据　张	合　　计		￥2 000	￥2 000	

会计主管：　　　　记账：　　　　　出纳：　　　　　审核：　　　　　制证：

10.

表4-10

记账凭证

20××年6月29日　　　　　　　　　　第10号

摘　　要	总账科目	明细科目	借方金额	贷方金额	记　　账
借入短期借款	银行存款		100 000		
		短期借款		100 000	
附单据　张	合　　　计		￥100 000	￥100 000	

会计主管：　　　　　记账：　　　　　出纳：　　　　　审核：　　　　　制证：

习题二

解：1. 银收第1号。

借：银行存款　　　　　　　　　　　　　　　　　　　　　100 000

　　贷：短期借款　　　　　　　　　　　　　　　　　　　　　　100 000

2. 现付第1号。

借：其他应收款　　　　　　　　　　　　　　　　　　　　　　600

　　贷：库存现金　　　　　　　　　　　　　　　　　　　　　　　600

3. 转字第1号。

借：生产成本　　　　　　　　　　　　　　　　　　　　60 000

　　管理费用　　　　　　　　　　　　　　　　　　　　　5 000

　　贷：原材料　　　　　　　　　　　　　　　　　　　　　　65 000

4. 银付第1号。

借：管理费用　　　　　　　　　　　　　　　　　　　　　7 000

　　贷：银行存款　　　　　　　　　　　　　　　　　　　　　　7 000

5. 转字第2号。

借：所得税费用　　　　　　　　　　　　　　　　　　　　5 000

　　贷：应交税费　　　　　　　　　　　　　　　　　　　　　　5 000

6. 转字第3号。

借：制造费用　　　　　　　　　　　　　　　　　　　　10 000

　　管理费用　　　　　　　　　　　　　　　　　　　　　6 000

　　贷：累计折旧　　　　　　　　　　　　　　　　　　　　　16 000

7. 银付第2号。

借：库存现金　　　　　　　　　　　　　　　　　　　　　3 000

　　贷：银行存款　　　　　　　　　　　　　　　　　　　　　　3 000

登记账簿

第五章

一、本章内容结构

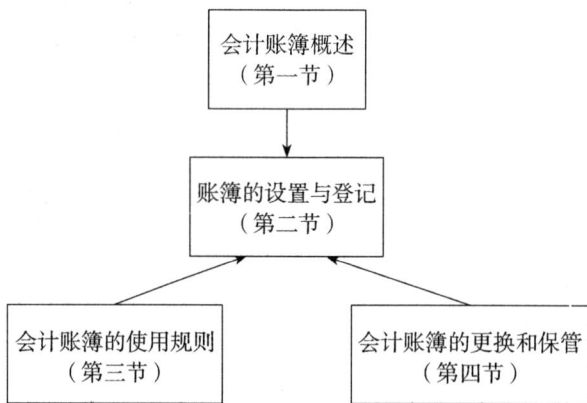

```
        会计账簿概述
        （第一节）
            │
            ▼
      账簿的设置与登记
        （第二节）
         ↗        ↖
会计账簿的使用规则    会计账簿的更换和保管
  （第三节）            （第四节）
```

填制和审核会计凭证，并不能全面、连续、系统地反映和监督某个单位在一定时期内某类以及全部交易或者事项的情况，而且也不便于日后查阅。因此，为了给经济管理提供系统的核算资料，需要设置账簿，账簿可以按不同的标志进行分类（第一节）。但不论什么企业，都必须设置日记账和分类账，并按规定进行登记（第二节）。在进行账簿登记的过程中，必须遵守会计账簿的使用规则，包括会计账簿的启用规则、会计账簿的登记规则、错账更正规则（第三节）。日记账和分类账都是重要的会计档案，都要按规定的要求进行更换和保管（第四节）。

二、本章学习目的与要求

本章阐述了账簿的设置与登记、会计账簿的使用规则、会计账簿的更换和保管三部分主要内容。目的是使初学者掌握第四个会计核算方法——登记账簿，在掌握会计账簿定义、种类、格式的基础上，依据账簿使用规则，登记账簿。要求初学者准确掌握会计账簿的含义，账簿按用途的分类，熟悉账簿按外表形式的分类，账簿按账页格式的分类；在账簿按用途分类的基础上，按照会计账簿的启用规则、会计账簿的登记规则和错账更正规则，完成日记账的设置与登记，分类账的设置与登记。

三、本章重点与难点

（一）重点

1.日记账的设置与登记，分类账的设置与登记。

2.会计账簿的启用规则、会计账簿的登记规则、错账更正规则。

将上述内容作为本章重点，是因为登记账簿主要是对日记账和分类账的登记，日记账可以加强对货币资金的监督和控制，分类账囊括了全部账户，整个企业的生产经营过程、财务状况和经营成果，都能从分类账中得到反映。正确地设置和登记日记账、分类账，就能保证会计记录的真实、可靠、准确、无误，确保会计核算目标的实现。

（二）难点

1.会计账簿登记规则的理解、掌握及准确运用。

2.错账更正方法。

四、练习题

（一）填空题

1.会计账簿，简称账簿，主要是由一定格式的账页组成的，以经过审核无误的（　　）为依据，全面、连续、系统地记录各项（　　）增减变动及结果的簿籍。

2.会计账簿按用途分类，可以分为日记账簿、（　　）、（　　）。

3.日记账簿，简称日记账，也称（　　），是按照（　　）发生时间的先后顺序逐日逐笔连续地进行登记的账簿。

4.日记账簿按记录内容的不同，可以分为（　　）、（　　）两种。

5.分类账簿按反映内容的详细程度不同，可以分为（　　）、（　　）两种。

6.账簿按外表形式的不同，可以分为订本式账簿、（　　）、（　　）和电子账簿。

7.账簿按账页格式的不同，可以分为两栏式账簿、三栏式账簿、（　　）、（　　）和横线登记式账簿。

8.库存现金日记账是由出纳人员根据审核无误的（　　）、（　　）、银行存款付款凭证，按交易或者事项发生的先后顺序，逐日逐笔登记库存现金的收入、付出及结存情况的账簿。

9.银行存款日记账，是由出纳人员根据银行存款收款凭证、（　　）、（　　），按交易或者事项发生的先后顺序，逐日逐笔进行登记的账簿。

10.所谓平行登记，是指对每项交易或者事项根据会计凭证，一方面要在有关的（　　）中进行总括登记，另一方面要在其所属的有关（　　）中进行明细登记，而且在总分类账和所属明细分类账中的登记必须独立地、互不依赖地进行。

11.错账更正的方法一般有划线更正法、（　　）和（　　）三种。

（二）单项选择题

1.库存现金日记账和银行存款日记账属于（   ）。

A.备查账簿   B.日记账簿

C.分类账簿   D.联合账簿

2.日记账簿按记录内容的不同分为（   ）。

A.普通日记账和特种日记账

B.银行存款日记账和库存现金日记账

C.普通日记账和日记总账

D.三栏式日记账和多栏式日记账

3.普通日记账和特种日记账的分类标准是（   ）。

A.按记录的内容不同   B.按账簿的用途不同

C.按账页的格式不同   D.按外表的形式不同

4.对某类交易或者事项按照发生的时间顺序进行登记的日记账簿是（   ）。

A.普通日记账   B.明细分类账

C.专栏日记账   D.特种日记账

5.目前实际工作中使用的库存现金日记账、银行存款日记账属于（   ）。

A.特种日记账   B.普通日记账

C.两栏日记账   D.分录簿

6.总分类账与日记账的外表形式应该采用（   ）。

A.活页式   B.卡片式

C.订本式   D.任意外表形式

7.凡带有统驭性和比较重要的账簿一般采用（   ）。

A.数量金额式   B.活页式

C.订本式   D.卡片式

8.总分类账、库存现金日记账、银行存款日记账一般采用（   ）。

A.订本式   B.活页式

C.卡片式   D.多栏式

9.登记库存现金日记账的是（   ）。

A.出纳人员   B.会计人员

C.会计主管   D.非出纳人员

10.下列各项不能作为登记总账直接依据的是（   ）。

A.记账凭证   B.科目汇总表

C.原始凭证   D.汇总记账凭证

11.下列各项中，属于按用途分类的账簿是（   ）。

A.活页式账簿   B.序时账簿

C.订本式账簿   D.卡片式账簿

12.企业从银行提取现金时，据以登记库存现金日记账的专用记账凭证是

（　　）。

A.库存现金收款凭证　　　　　　B.库存现金付款凭证

C.银行存款收款凭证　　　　　　D.银行存款付款凭证

13.下列各项中，属于活页式账簿和卡片式账簿适用范围的是（　　　）。

A.特种日记账　　　　　　　　　B.普通日记账

C.总分类账　　　　　　　　　　D.明细分类账

14.下列各项中，所属明细分类账户应采用三栏式的是（　　）。

A.管理费用　　　　　　　　　　B.本年利润

C.库存商品　　　　　　　　　　D.应收账款

15.下列各项中，固定资产明细账采用的外表形式是（　　）。

A.订本式　　　　　　　　　　　B.卡片式

C.活页式　　　　　　　　　　　D.横线登记式

16.下列各项中，实收资本明细账采用的账页格式是（　　）。

A.三栏式明细分类账　　　　　　B.两栏式明细分类账

C.数量金额式明细分类账　　　　D.多栏式明细分类账

17.某会计人员根据记账凭证登记过账时，误将700元填写为7 000元，而记账凭证无误，对此正确的更正方法是（　　）。

A.划线更正法　　　　　　　　　B.红字更正法

C.补充登记法　　　　　　　　　D.编制相反分录冲减

18.若记账凭证上的会计科目和应借、应贷方向未错，但所记金额大于应记金额并据以登记入账，对此正确的更正方法是（　　）。

A.红字更正法　　　　　　　　　B.划线更正法

C.补充登记法　　　　　　　　　D.黑字登记法

19.新的会计年度开始，下列账簿中可以继续使用，不必更换新账的是（　　）。

A.日记账　　　　　　　　　　　B.总分类账

C.材料明细账　　　　　　　　　D.固定资产明细账

20.属于普通日记账实质的是（　　）。

A.对比较重要的经济业务逐笔序时记录

B.按照每日发生的交易或者事项的先后顺序，逐项编制会计分录

C.通过普通日记账分类反映发生的经济业务

D.按照经济业务发生的先后顺序逐日逐笔地登记入账

21.下列各项中，原材料明细分类账采用的账页格式是（　　）。

A.三栏式明细分类账　　　　　　B.两栏式明细分类账

C.数量金额式明细分类账　　　　D.多栏式明细分类账

22.若记账凭证上的会计科目、应借应贷方向和金额均正确，但登记入账时发生笔误，正确的更正方法是（　　）。

A.划线更正法   B.红字更正法

C.补充登记法   ·   D.编制相反分录冲减

23.某会计人员根据记账凭证登记入账时，发现记账凭证中的金额错误，实际金额大于记账凭证上记录的金额，对此正确的更正方法是（   ）。

A.划线更正法

B.红字更正法

C.补充登记法

D.将记账凭证作废，重新编制正确的记账凭证

24.下列各项中，属于平行登记数量结果的作用的是（   ）。

A.检查会计分录编制的正确性   B.检查账簿记录的正确性

C.检查报表编制的正确性   D.检查试算平衡的正确性

25."应收账款"总账科目所属明细分类账的资料如下："应收账款——A公司"借方余额200万元；"应收账款——B公司"借方余额400万元；"应收账款——C公司"贷方余额300万元；"应收账款——D公司"贷方余额100万元。如果不考虑其他因素，则"应收账款"科目期末余额为（   ）万元。

A.200   B.600

C.900   D.1 000

26.下列各账户中，明细分类账可以借、贷方均设多栏的是（   ）。

A.本年利润明细分类账   B.主营业务收入明细分类账

C.管理费用明细分类账   D.生产成本明细分类账

27.总分类账簿的外表形式应采用（   ）。

A.活页式   B.卡片式

C.订本式   D.多栏式

28.活页式账簿和卡片式账簿主要适用于（   ）。

A.库存现金日记账   B.总分类账

C.日记账   D.明细分类账

29.固定资产明细分类账的外表形式一般采用（   ）。

A.订本式   B.活页式

C.三栏式   D.卡片式

30.应收账款明细分类账户设置的依据是（   ）。

A.债务单位或个人名称   B.债权单位或个人名称

C.收款期限   D.付款期限

31.银行存款日记账的收入方除了根据银行存款收款凭证登记外，有时还要根据（   ）登记。

A.银行存款付款凭证   B.库存现金收款凭证

C.库存现金付款凭证   D.转账凭证

32.记账凭证记账栏中的"√"表示（   ）。

A.已经登记入账　　　　　　　　　B.不需登记入账

C.此凭证作废　　　　　　　　　　D.此凭证编制正确

33.下列账簿中适用于只需要反映金额的交易或者事项的是（　　　）。

A.横线登记式账簿　　　　　　　　B.三栏式账簿

C.数量金额式账簿　　　　　　　　D.多栏式账簿

34.登记明细账的依据（　　　）。

A.一定是记账凭证　　　　　　　　B.一定是原始凭证

C.一定是汇总记账凭证　　　　　　D.可能是记账凭证，也可能是原始凭证

35.应收账款明细账户一般采用的账页格式是（　　　）。

A.三栏式　　　　　　　　　　　　B.数量金额式

C.多栏式　　　　　　　　　　　　D.两栏式

36.下列四种情况中，可用补充登记法的是（　　　）。

A.记账凭证的应记科目与金额正确，但登记入账时所记金额大于应记金额

B.记账凭证的应记科目与金额正确，但登记入账时所记金额小于应记金额

C.记账凭证的应记科目正确，但所记金额大于应记金额，并已入账

D.记账凭证的应记科目正确，但所记金额小于应记金额，并已入账

37.制造费用明细分类账户一般采用的账页格式是（　　　）。

A.三栏式账簿　　　　　　　　　　B.多栏式账簿

C.数量金额式账簿　　　　　　　　D.横线登记式账簿

38.总账和明细账进行平行登记的原因是总账与明细账（　　　）。

A.反映的交易或者事项内容相同　　B.提供的核算指标相同

C.登记时间相同　　　　　　　　　D.账页格式相同

39.登记总分类账户及其所属明细分类账户的方向一致是指（　　　）。

A.增加方向一致　　　　　　　　　B.减少方向一致

C.借贷方向一致　　　　　　　　　D.变动方向一致

40.纯属登账时文字或数字上的错误，更正应采用（　　　）。

A.划线更正法　　　　　　　　　　B.蓝字更正法

C.红字更正法　　　　　　　　　　D.补充登记法

（三）多项选择题

1.下列账簿中，一般采用订本式账簿的有（　　　）。

A.总分类账　　　　　　　　　　　B.库存现金日记账

C.银行存款日记账　　　　　　　　D.固定资产明细分类账

E.管理费用明细分类账

2.作为对总分类账进行补充说明的明细分类账，通常采用（　　　）。

A.多栏式订本账　　　　　　　　　B.三栏式订本账

C.活页式账簿　　　　　　　　　　D.卡片式账簿

E.两栏式订本账

3.账簿应具备的基本内容包括（　　　　）。

A.账页　　　　　　　　　　　　B.会计分录

C.封面　　　　　　　　　　　　D.扉页

E.所附原始凭证张数

4.库存现金日记账登记的依据有（　　　　）。

A.库存现金收款凭证　　　　　　B.库存现金付款凭证

C.银行存款付款凭证　　　　　　D.转账凭证

E.银行存款收款凭证

5.银行存款日记账登记的依据有（　　　　）。

A.银行存款收款凭证　　　　　　B.银行存款付款凭证

C.转账凭证　　　　　　　　　　D.库存现金付款凭证

E.库存现金收款凭证

6.库存现金、银行存款日记账一般是（　　　　）。

A.三栏式账簿　　　　　　　　　B.订本式账簿

C.数量金额式账簿　　　　　　　D.活页式账簿

E.卡片式账簿

7.总分类账的格式因采用的会计核算组织程序不同，一般有（　　　　）。

A.三栏式账簿　　　　　　　　　B.多栏式账簿

C.数量金额式账簿　　　　　　　D.借方多栏式账簿

E.横线登记式账簿

8.总分类账簿（　　　　）。

A.分类登记全部的交易或者事项

B.一般采用订本式账簿

C.是按总分类账户设置和登记的账簿

D.分为三栏式总账和多栏式总账

E.一般采用活页式账簿

9.多栏式明细分类账可分为（　　　　）。

A.借方多栏式明细账　　　　　　B.贷方多栏式明细账

C.借方、贷方均多栏式明细账　　D.数量金额式明细账

E.横线登记式明细账

10.每年必须更换的账簿有（　　　　）。

A.日记账簿　　　　　　　　　　B.总分类账簿

C.原材料明细账　　　　　　　　D.固定资产卡片

E.应收账款明细账

11.账簿按用途分类，可分为（　　　　）。

A.日记账簿　　　　　　　　　　B.订本式账簿

C.分类账簿　　　　　　　　　　D.备查账簿

E.活页式账簿

12.账簿按外表形式分类，可分为（　　　）。

A.订本式账簿 B.三栏式账簿

C.卡片式账簿 D.活页式账簿

E.多栏式账簿

13.属于任何会计主体都必须设置的账簿有（　　　）。

A.库存现金日记账 B.银行存款日记账

C.总分类账 D.明细分类账

E.备查账

14.库存现金、银行存款日记账的账页格式有（　　　）。

A.三栏式 B.多栏式

C.卡片式 D.数量金额式

E.横线登记式

15.下列各项中，可以作为明细分类账登记依据的有（　　　）。

A.原始凭证 B.汇总记账凭证

C.记账凭证 D.经济合同

E.原始凭证汇总表

16.三栏式明细分类账的账页格式，适用于下列总分类账户的有（　　　）。

A.管理费用 B.原材料

C.应收账款 D.预收账款

E.材料采购

17.数量金额式明细分类账的账页格式适用于登记（　　　）。

A.库存商品 B.生产成本

C.应付账款 D.原材料

E.短期借款

18.多栏式明细分类账的账页格式适用于登记（　　　）。

A.应收账款 B.本年利润

C.管理费用 D.生产成本

E.应付账款

19.用红色墨水登记账簿，适用于（　　　）。

A.按照红字冲账的记账凭证，冲销错误记录

B.在不设借、贷栏的多栏式账页中，登记减少金额

C.在期末结账时，用红色墨水划通栏红线

D.三栏式账页的余额栏前，如未注明余额方向的，在余额栏内登记负数余额

E.登记期初余额

20.下列错误中，可用划线更正法的有（　　　）。

A.在结账前，发现记账凭证无误，但账簿记录中文字登账有误

B.发现记账凭证金额错误，并已登记入账

C.在结账前，发现记账凭证无误，但账簿记录中数字登账有误

D.发现记账凭证科目错误，并已登记入账

E.发现记账凭证无误，账簿记录也无误

21.总分类账户与明细分类账户的平行登记，应满足的要求有（　　　）。

A.依据相同　　　　　　　　　　B.方向相同

C.期间相同　　　　　　　　　　D.金额相同

E.时间相同

22.下列各项中，属于活页式账簿优点的有（　　　）。

A.根据实际需要添加或抽减账页　　B.避免账页的遗失

C.便于会计人员的分工　　　　　　D.便于更换账页

E.防止抽换账页

23.下列各项中，属于账簿登记完成后应进行的工作有（　　　）。

A.在会计凭证上签字或盖章　　　　B.在账簿上签字或盖章

C.在会计凭证的标记栏内进行标记　　D.在会计凭证上注明所附原始凭证

E.审核会计凭证

24.登记账簿后，发现错账，不可以采用补充登记法的情况有（　　　）。

A.记账凭证中会计科目错误

B.记账凭证中记账方向错误

C.记账凭证中错误金额大于正确金额

D.记账凭证中错误金额小于正确金额

E.记账凭证没有错误，而过账中出现文字错误

25.明细分类账的账页格式有（　　　）。

A.三栏式　　　　　　　　　　　B.多栏式

C.数量金额式　　　　　　　　　D.横线登记式

E.两栏式

26.错账是指（　　　）。

A.记账凭证出错　　　　　　　　B.账簿记录出错

C.原始凭证出错　　　　　　　　D.会计报表出错

E.试算平衡出错

27.采用划线更正法的要点有（　　　）。

A.在错误的文字或数字（单个数字）上划一条红线注销

B.在错误的文字或数字（整个数字）上划一条红线注销

C.在错误的文字或数字上划一条蓝线注销

D.将正确的文字或数字用蓝字写在划线的上面

E.在划线处加盖记账员名章

28.在会计工作中红色墨水可用于（　　　）。

A.记账   B.反向（记账）

C.对账   D.冲销

E.（表示）负数

29.会计上允许使用的错账更正方法有（   ）。

A.划线更正法   B.红字更正法

C.补充登记法   D.用涂改液修正法

E.刮擦法

30."红字更正法"适用于（   ）。

A.记账前，发现记账凭证上的文字或数字有误

B.记账后，发现记账凭证上应借、应贷科目填错

C.记账后，发现记账凭证上所填金额小于应记金额

D.记账后，发现记账凭证上所填金额大于应记金额

E.记账凭证编制正确，账簿借、贷方向写错

31.年度结束后，对于活页式账簿的保管应该做到（   ）。

A.加上封面、扉页、封底

B.装订成册

C.按账页顺序编号

D.年度终了后，送交本单位档案机构归档统一保管

E.年度终了后，可由本单位会计机构保管1年

32.记账时不得漏页、跳行，如果发生漏页、跳行，不得随意涂改，应将
（   ）。

A.账页撕下并装入档案保存

B.空页、空行用红线对角划掉

C.注明"此页空白"或"此行空白"

D.由记账人员签章

E.将漏页、跳行后面的记录作废，重新在漏页、跳行处进行登记

（四）判断题

1.库存现金日记账和银行存款日记账，必须采用订本式账簿。 （   ）

2.备查账簿是对某些在日记账和分类账中未能记录或记录不全的经济业务进行
补充登记的账簿，因此，各单位必须设置。 （   ）

3.为了满足内部牵制原则，实行钱账分管，通常由出纳人员根据收、付款凭证
进行库存现金收、付；然后，将收、付款后的库存现金收款凭证和付款凭证交给会
计人员，由会计人员登记库存现金日记账。 （   ）

4.三栏式总分类账一般采用订本式账簿。 （   ）

5.多栏式明细分类账，一般适用于债权、债务结算账户的明细分类账。
                                                        （   ）

6.各种明细账的登记依据，既可能是原始凭证，也可能是记账凭证。 （   ）

7.各种明细账的登记，可以逐日逐笔登记，也可以在月末汇总登记。
（　　）

8.登记账簿必须用蓝、黑墨水书写，不得使用圆珠笔、铅笔书写，更不得用红色墨水书写。
（　　）

9.某会计人员在填制记账凭证时，误将9 800元记为8 900元，并已登记入账。月终结账前发现错误，更正时应采用划线更正法。
（　　）

10.总分类账户和明细分类账户必须在同一会计期间登记。
（　　）

11.总分类账户和明细分类账户登记方向必须相同。
（　　）

12.新的会计年度开始时，必须更换全部账簿，不得只更换总账和库存现金日记账、银行存款日记账。
（　　）

13.任何错账均可采用红字更正法进行更正。
（　　）

14.账户和账簿的联系十分密切，可以说账户等于账簿。
（　　）

15.每一家企业都必须设置普通日记账。
（　　）

16.为便于核对现金，出纳人员应保管现金、登记库存现金日记账和库存现金总账。
（　　）

17.总分类账和明细分类账必须采用平行登记的规则进行登记。
（　　）

18.三栏式明细分类账格式适用于只记录金额，不记录数量的结算类账户的明细账。
（　　）

19.总分类账一律采用三栏式的格式。
（　　）

20.在整个账簿体系中，日记账簿和分类账簿是主要账簿，备查账簿为辅助账簿。
（　　）

21.三栏式账簿一般适用于费用、成本等明细账。
（　　）

22.货币资金的日记账可以取代其总账。
（　　）

23.明细账必须逐日逐笔登记，总账必须定期汇总登记。
（　　）

24.为了加强对租入固定资产的管理，记录租入、使用、归还情况，企业需要开设备查账簿进行核算。
（　　）

（五）名词解释

1.会计账簿　　　　　　　　2.日记账簿

3.分类账簿　　　　　　　　4.备查账簿

5.订本式账簿　　　　　　　6.活页式账簿

7.卡片式账簿　　　　　　　8.电子账簿

9.普通日记账　　　　　　　10.库存现金日记账

11.银行存款日记账　　　　　12.总分类账

13.明细分类账　　　　　　　14.平行登记

15.错账　　　　　　　　　　16.划线更正法

17.补充登记法　　　　　　　18.红字冲销法

（六）简答题

1.设置和登记账簿有哪些作用？

2.设置账簿应遵循哪些基本原则？

3.简述三栏式库存现金日记账的登记方法。

4.简述明细账的各种格式及适用范围。

5.简述错账的更正方法及适用范围。

（七）业务题

习题一

目的：练习三栏式库存现金日记账和三栏式银行存款日记账的登记方法。

资料：某企业20××年11月份发生下列有关交易或者事项：

1.1日，从银行取得短期借款90 000元，存入银行。

2.3日，从银行提取现金5 000元，以备日常开支需要。

3.5日，以银行存款6 000元缴纳各种税费。

4.7日，采购员陈云报销差旅费480元，原借600元，余款退回现金。

5.9日，以现金支付产品销售费用830元。

6.10日，购进材料一批，货款48 000元，全部款项以银行存款支付，材料已验收入库（不考虑增值税）。

7.12日，支付罚款500元，以现金付讫。

8.14日，收到银行通知，A商场偿还上月所欠货款65 000元，已入账。

9.17日，收到购货单位预付的货款9 600元，存入银行。

10.19日，以银行存款预付供应单位购料款43 000元。

11.22日，职工王燕预借差旅费300元，以现金支付。

12.24日，以银行存款支付所欠供应单位货款8 000元。

要求：

1.编制专用记账凭证，以会计分录代替专用记账凭证，并按经济业务顺序编号。

2.设置"库存现金日记账"和"银行存款日记账"，根据会计分录登记日记账，11月初库存现金日记账余额为1 000元，银行存款日记账余额为86 000元。

习题二

目的：练习总分类账户与明细分类账户的平行登记。

资料：

1.某企业20××年5月31日，有关总分类账户和明细分类账户的余额如下：

"原材料"账户余额为25 000元，其中：甲材料500千克，单价20元，金额10 000元；乙材料1 500千克，单价10元，金额15 000元。

2.6月份发生下列有关交易或者事项：

（1）2日，购入甲材料200千克，单价20元，金额4 000元。材料已验收入库，货款已付。

（2）10日，购入乙材料1 000千克，单价10元，金额10 000元。材料已验收入库，货款已付。

（3）18日，仓库发出材料一批用于产品生产，其中，甲材料300千克，单价20元，金额6 000元；乙材料2 000千克，单价10元，金额20 000元。

要求：

1.编制本月业务的会计分录。

2.开设并登记原材料总账和明细分类账户。

3.根据"原材料"明细分类账户的本期发生额和期末余额，编制"材料明细账本期发生额及余额明细表"，并与总分类账户进行核对。

习题三

目的：练习错账更正的方法。

资料：某企业20××年6月查账时发现下列错账：

1.行政管理部门购买办公用品100元，以现金支付，办公用品已交付使用。原编制的记账凭证的会计分录为：

借：管理费用　　　　　　　　　　　　　　　　1 000

　贷：库存现金　　　　　　　　　　　　　　　　　　　　1 000

2.以银行存款10 600元购入不需安装的设备一台（不考虑增值税），已交付使用。原编制的记账凭证的会计分录为：

借：固定资产　　　　　　　　　　　　　　　　1 060

　贷：银行存款　　　　　　　　　　　　　　　　　　　　1 060

3.收到购货单位偿还上月所欠货款8 700元存入银行。原编制的记账凭证的会计分录为：

借：银行存款　　　　　　　　　　　　　　　　8 700

　贷：应收账款　　　　　　　　　　　　　　　　　　　　8 700

该记账凭证在登记总账时，其"应收账款"科目贷方所记金额为7 800元。

4.接受某企业投资固定资产，评估确认价值90 000元。原编制的记账凭证的会计分录为：

借：固定资产　　　　　　　　　　　　　　　　90 000

　贷：资本公积　　　　　　　　　　　　　　　　　　　90 000

5.用银行存款支付所欠供应单位货款1 000元。原编制的记账凭证的会计分录为：

借：应付账款　　　　　　　　　　　　　　　　7 000

　贷：银行存款　　　　　　　　　　　　　　　　　　　　7 000

要求：根据以上资料，分别采用适当的错账更正方法，予以更正。

五、练习题参考答案

（一）填空题

1.会计凭证；交易或者事项　　　　2.分类账簿；备查账簿

3.序时账；交易或者事项　　　　　4.普通日记账；特种日记账

5.总分类账簿；明细分类账簿　　　6.活页式账簿；卡片式账簿

7.多栏式账簿；数量金额式账簿

8.库存现金收款凭证；库存现金付款凭证

9.银行存款付款凭证；库存现金付款凭证

10.总分类账；明细分类账

11.红字更正法；补充登记法

（二）单项选择题

1.B　2.A　3.A　4.D　5.A　6.C　7.C　8.A　9.A　10.C　11.B　12.D　13.D　14.D　15.B　16.A　17.A　18.A　19.D　20.B　21.C　22.A　23.D　24.B　25.A　26.A　27.C　28.D　29.D　30.A　31.C　32.A　33.B　34.D　35.A　36.D　37.B　38.A　39.D　40.A

（三）多项选择题

1.ABC　2.CD　3.ACD　4.ABC　5.ABD　6.AB　7.AB　8.ABCD　9.ABC　10.ABCE　11.ACD　12.ACD　13.ABCD　14.AB　15.ACE　16.CD　17.AD　18.BCD　19.ABCD　20.AC　21.ABCD　22.AC　23.AC　24.ABCE　25.ABCD　26.AB　27.BE　28.BDE　29.ABC　30.BD　31.ABCE　32.BCD

（四）判断题

1.√　2.×　3.×　4.√　5.×　6.√　7.×　8.×　9.×　10.√　11.√　12.×　13.×　14.×　15.×　16.×　17.√　18.√　19.×　20.√　21.×　22.×　23.×　24.√

（五）名词解释

1.会计账簿，简称账簿，主要是由一定格式的账页组成，以经过审核无误的会计凭证为依据，全面、连续、系统地记录各项交易或者事项增减变动及结果的簿籍。

2.日记账簿，简称日记账，也称序时账，是按照交易或者事项发生或完成时间的先后顺序逐日逐笔连续地进行登记的账簿。

3.分类账簿，是对全部交易或者事项按照总分类账户和明细分类账户分类核算和监督的账簿。

4.备查账簿，也称辅助账簿，是对日记账和分类账未能记载或记载不全面，而在经营管理中又必须掌握其信息数据的经济事项，进行补充登记的辅助性账簿，是属于备查性质的一种辅助登记账簿。

5.订本式账簿，是在启用前，就将印有专门格式的账页按顺序标明页码，并装订成册的账簿。

6.活页式账簿，是指平时登账时账页并不固定装订在一起，而是将一定数量的账页放入活页账夹内，可以根据记账内容的变化随时增添或取出部分账页，到会计年度结束之后才装订成册的账簿。

7.卡片式账簿，是由一定数量和具有专门格式的硬纸卡片作为账页，并存放在专设的卡片箱内的账簿。

8.电子账簿，是指用磁盘或光盘等多媒体介质记录交易或者事项的账簿。

9.普通日记账，是按全部经济业务发生时间的先后顺序逐日逐笔进行登记的日记账。

10.库存现金日记账，是由出纳人员根据审核无误的库存现金收款、付款凭证或银行存款付款凭证（从银行提取现金编制的凭证），按交易或者事项发生的先后顺序，逐日逐笔登记库存现金的收入、付出及结存情况的账簿。

11.银行存款日记账，是由出纳人员根据银行存款收款凭证、银行存款付款凭证或库存现金付款凭证，按交易或者事项发生时间的先后顺序，逐日逐笔进行登记的账簿。

12.总分类账，简称总账，是根据一级会计科目设置的，用以分类登记全部交易或事项，提供各项资产、负债、所有者权益、费用、收入和利润等总括性核算资料的账簿。

13.明细分类账，简称明细账，是按照二级或二级以下科目设置的，详细记录某一类交易或者事项增减变化及结果的账簿。

14.平行登记，是指对每项交易或者事项，根据会计凭证或汇总记账凭证，一方面要在有关的总分类账户中进行总括登记，另一方面要在其所属的有关明细分类账户中进行明细登记，而且在总分类账户和明细分类账户中的登记必须独立地、互不依赖地进行。

15.错账，是指填制记账凭证或登记账簿中出现的差错，也就是记账和过账时出现的差错。

16.划线更正法，也称红线更正法，是采用在错误记录上划红线的方式注销原有记录，从而更正会计账簿记录错误的方法。

17.补充登记法，是指采用增记金额方式补充记账凭证和会计账簿中原有记录，从而更正记账凭证和会计账簿记录错误的方法。

18.红字冲销法，又称红字更正法，是指采用红字方式冲销或冲减账簿原有记录，从而更正记账凭证和会计账簿记录错误的方法。

（六）简答题

1.设置和登记账簿有哪些作用？

答：登记会计账簿对于全面反映企业经济活动，加强经济核算，提高企业经济效益具有极为重要的作用，主要表现在以下几个方面：

（1）记载、储存会计信息。登记会计账簿，可以全面记载企业在一定时期内发生的所有的交易和事项，储存企业有关资产、负债、所有者权益、收入、费用、利润方面的所有会计信息。

（2）分类、汇总会计信息。登记会计账簿，可以按照交易或者事项性质的不同，在有关的分类账中进行归类核算，为会计管理提供总括或明细的分类会计信息。通过对各个账户发生额和余额的计算，归类汇总，形成全面、系统、连续的会计核算资料。

（3）检查、校正会计信息。登记会计账簿，还可以通过账证核对、账账核对、账实核对，检查账簿记录的正确性，特别是通过资产清查，将资产的实存数与账面数进行核对，确认资产的盘盈和盘亏，校正账簿记录，以保证会计信息的真实、可靠。

（4）综合、输出会计信息。登记会计账簿，通过调账、转账、结账、试算平衡等一系列账簿记录的处理工作，综合出企业在一定日期的财务状况和一定时期的经营成果、现金流量等情况，并通过财务报表的形式输出这些会计信息，以利于会计信息使用者做出经济决策。电子账簿还可随时输出各种会计信息。

2.设置账簿应遵循哪些基本原则？

答：设置账簿一般应遵循以下基本原则：

（1）设置账簿要遵守相关财经法律、法规的规定，各单位应依照会计准则和国家统一会计制度规定和本企业的实际情况设置账簿。

（2）设置账簿要以单位的实际业务需要为出发点。设置的会计账簿要能全面、系统地反映会计主体的经济活动，为经营管理提供会计核算资料；设置的会计账簿要贯彻"单不重填、账不重设"的原则，在满足实际业务需要的前提下，注意人力、物力的节约；设置会计账簿所选择的账页格式要能够提供经营管理所需的相关指标。

（3）设置账簿要遵循内部控制原则。单位内部控制要求不相容职务应该相互分离，因此，应在账簿设计中体现出会计业务分工与岗位责任制的紧密结合，既要保证会计工作的合理分工，又要注意会计工作各岗位的职责分离，以保证会计信息的真实性和完整性，企业资产的安全完整性。

3.简述三栏式库存现金日记账的登记方法。

答：三栏式库存现金日记账的登记方法如下：

（1）日期栏，指记账凭证的日期，应与现金实际收、付日期一致。

（2）凭证栏，指登记入账的收、付款凭证的种类和编号，凭证栏还应登记凭证的编号数，其作用在于便于查账和核对。

（3）摘要栏，摘要说明登记入账的交易或者事项的内容。

（4）对方科目栏，指现金收入的来源科目或支出的用途科目，其作用在于了解交易或者事项的来龙去脉。

（5）借方、贷方（或收入、支出）栏，指现金实际收付的金额。

（6）日清月结，每日终了，应分别计算库存现金收入和支出的合计数，结出余额，做到"日清"，以便将账面余额与实存现金核对。月终，应计算出全月库存现金收入、支出合计数和余额，并在该行的上、下各划一条通栏红线，做到"月结"。

4.简述明细账的各种格式及适用范围。

答：明细分类账应根据原始凭证或原始凭证汇总表登记，也可以根据记账凭证登记，其主要格式有以下三种：

（1）三栏式明细账簿的账户结构与总分类账簿的账户结构基本相同，只设有借方、贷方和余额三个金额栏，不设数量栏。这种格式适用于那些只要求核算金额，不需要进行数量核算的结算类账户的明细账户。

（2）数量金额式明细账簿的账户设有借方、贷方和结存三大栏，每一栏下又分别设置数量、单价和金额三小栏，主要适用于既要进行金额核算，又要进行数量核算的各种实物资产账户的明细账户。

（3）多栏式明细分类账，是根据交易或者事项的特点和经营管理的要求，在一张账页内按照明细账户或明细项目分设若干专栏，用以登记各个明细账户或明细项目的金额。其主要适用于成本、费用、收入和财务成果等账户的明细账户。多栏式明细分类账页又可分为借方多栏、贷方多栏和借贷方均多栏三种格式。

（4）横线登记式明细分类账，又称平行式明细分类账，它的账页结构特点是，将前后密切相关的经济业务在同一横线内进行详细登记，以检查每笔经济业务完成及变动的情况。该种账页一般用于材料采购等明细分类账。

5.简述错账的更正方法及适用范围。

答：错账更正的方法一般有划线更正法、红字冲销法和补充登记法三种。

（1）划线更正法，亦称为红线更正法，是采用在错误记录上划红线的方式注销原有记录，从而更正账簿记录错误的方法。该方法适用于以下情况：在结账以前，记账凭证没有错误，而过账中出现数字、文字错误及记错账簿或记错方向等情况下适用，即会计凭证填制正确，会计账簿登记错误的情况下适用。

（2）红字冲销法，又称红字更正法，是指采用红字方式冲销或冲减账簿原有记录，从而更正记账凭证和会计账簿记录错误的方法。该方法适用于以下情况：登账以后发现记账凭证科目正确，所写金额大于应记金额或借、贷科目有错，从而导致账簿记录中出现错误的情况。

（3）补充登记法，是指采用增记金额方式补充记账凭证和会计账簿中原有记录，从而更正记账凭证和会计账簿记录错误的方法。该方法适用于以下情况：登账以后发现记账凭证中所列借、贷会计科目正确，但记账凭证出现所写金额小于应记金额的错误，从而导致账簿记录中出现同样错误的情况。

（七）业务题

习题一

解：1.编制的会计分录如下：

（1）银收01号。

借：银行存款　　　　　　　　　　　　　　　　　　　　　90 000

　　贷：短期借款　　　　　　　　　　　　　　　　　　　　　　90 000

（2）银付01号。

借：库存现金　　　　　　　　　　　　　　　　　　5 000
　　贷：银行存款　　　　　　　　　　　　　　　　　　　　　5 000

（3）银付02号。

借：应交税费　　　　　　　　　　　　　　　　　　6 000
　　贷：银行存款　　　　　　　　　　　　　　　　　　　　　6 000

（4）①转01号。

借：管理费用　　　　　　　　　　　　　　　　　　480
　　贷：其他应收款　　　　　　　　　　　　　　　　　　　　480

②现收01号。

借：库存现金　　　　　　　　　　　　　　　　　　120
　　贷：其他应收款　　　　　　　　　　　　　　　　　　　　120

（5）现付01号。

借：销售费用　　　　　　　　　　　　　　　　　　830
　　贷：库存现金　　　　　　　　　　　　　　　　　　　　　830

（6）银付03号。

借：原材料　　　　　　　　　　　　　　　　　　　48 000
　　贷：银行存款　　　　　　　　　　　　　　　　　　　　　48 000

（7）现付02号。

借：营业外支出　　　　　　　　　　　　　　　　　500
　　贷：库存现金　　　　　　　　　　　　　　　　　　　　　500

（8）银收02号。

借：银行存款　　　　　　　　　　　　　　　　　　65 000
　　贷：应收账款　　　　　　　　　　　　　　　　　　　　　65 000

（9）银收03号。

借：银行存款　　　　　　　　　　　　　　　　　　9 600
　　贷：预收账款　　　　　　　　　　　　　　　　　　　　　9 600

（10）银付04号。

借：预付账款　　　　　　　　　　　　　　　　　　43 000
　　贷：银行存款　　　　　　　　　　　　　　　　　　　　　43 000

（11）现付03号。

借：其他应收款　　　　　　　　　　　　　　　　　300
　　贷：库存现金　　　　　　　　　　　　　　　　　　　　　300

（12）银付05号。

借：应付账款　　　　　　　　　　　　　　　　　　8 000
　　贷：银行存款　　　　　　　　　　　　　　　　　　　　　8 000

2.根据会计分录登记日记账（见表5-1和表5-2）。

表5-1 **库存现金日记账**

第1页 金额单位：元

20××年		凭 证		摘 要	对方科目	借 方	贷 方	借或贷	余 额
月	日	种类	号数						
11	1			期初余额				借	1 000
	3	银付	01	提取现金备用	银行存款	5 000		借	6 000
	7	现收	01	陈云报销差旅费	其他应收款	120		借	6 120
	9	现付	01	付产品销售费用	销售费用		830	借	5 290
	12	现付	02	付罚款	营业外支出		500	借	4 790
	22	现付	03	王燕预借差旅费	其他应收款		300	借	4 490
	30			本月合计		5 120	1 630	借	4 490

表5-2 **银行存款日记账**

第1页 金额单位：元

20××年		凭 证		摘 要	结算凭证		对方科目	借 方	贷 方	借或贷	余 额
月	日	种类	号数		种类	号数					
11	1			期初余额						借	86 000
	1	银收	01	取得借款			短期借款	90 000		借	176 000
	3	银付	01	提取现金备用			库存现金		5 000	借	171 000
	5	银付	02	缴纳税费			应交税费		6 000	借	165 000
	10	银付	03	购材料，已付款			原材料		48 000	借	117 000
	14	银收	02	收回前欠货款			应收账款	65 000		借	182 000
	17	银收	03	收到预付款			预收账款	9 600		借	191 600
	19	银付	04	预付购料款			预付账款		43 000	借	148 600
	24	银付	05	归还前欠货款			应付账款		8 000	借	140 600
	30			本月合计				164 600	110 000	借	140 600

习题二

解：1.编制的会计分录如下：

（1）借：原材料——甲材料　4 000

　　　贷：银行存款　4 000

（2）借：原材料——乙材料　10 000

　　　贷：银行存款　10 000

（3）借：生产成本　26 000

　　　贷：原材料——甲材料　6 000

　　　　　　　　——乙材料　20 000

2.依据平行登记原理登记原材料总分类账和明细分类账（见表5-3至表5-6）。

表5-3
原材料总分类账

第1页　　　　　　　　　　　　　　　　　　　　　　　　　　　　　　　金额单位：元

20××年		凭证		摘要	借方	贷方	借或贷	余额
月	日	种类	号数					
6	1			期初余额			借	25 000
	2			购进甲材料，已付款	4 000		借	29 000
	10			购进乙材料，已付款	10 000		借	39 000
	18			生产领用甲、乙材料		26 000	借	13 000
	30			本月合计	14 000	26 000	借	13 000

表5-4　　　　　　　　　　　　　**数量金额式明细分类账**　　　　　　　　金额单位：元

类　别：主要材料　　　　编　号：1376　　　最高储量：5 000千克　　第1页

品名规格：甲材料　　　　存放地点：1号库　　最低储量：400千克　　计量单位：千克

××年		凭证		摘要	借方			贷方			结存		
月	日	种类	号数		数量	单价	金额	数量	单价	金额	数量	单价	金额
6	01			期初余额							500	20	10 000
	02			购材料，已付款	200	20	4 000				700	20	14 000
	18			发出材料				300	20	6 000	400	20	8 000
	30			本月合计	200	20	4 000	300	20	6 000	400	20	8 000

表5-5　　　　　　　　　　　　　**数量金额式明细分类账**　　　　　　　　金额单位：元

类　别：辅助材料　　　　编　号：1268　　　最高储量：1 000千克　　第2页

品名规格：乙材料　　　　存放地点：2号库　　最低储量：500千克　　计量单位：千克

××年		凭证		摘要	借方			贷方			结存		
月	日	种类	号数		数量	单价	金额	数量	单价	金额	数量	单价	金额
6	01			期初余额							1 500	10	15 000
	10			购材料，已付款	1 000	10	10 000				2 500	10	25 000
	18			发出材料				2 000	10	20 000	500	10	5 000
	30			本月合计	1 000	10	10 000	2 000	10	20 000	500	10	5 000

辅导与练习

表5-6   **材料明细分类账本期发生额及余额明细表**   金额单位：元

计量单位：千克

明细科目	月初余额			本期发生额						月末余额		
				收入			发出					
	数量	单价	金额	数量	单价	金额	数量	单价	金额	数量	单价	金额
甲材料	500	20	10 000	200	20	4 000	300	20	6 000	400	20	8 000
乙材料	1 500	10	15 000	1 000	10	10 000	2 000	10	20 000	500	10	5 000
合计			25 000			14 000			26 000			13 000

习题三

解：1.红字更正法：

将多记金额900元用红字金额填制一张记账凭证，其会计分录为：

借：管理费用   900

　　贷：库存现金   900

并将上述记账凭证金额用红字登记入账。

2.补充登记法：

将少记金额9 540元用日常记账墨水填制一张记账凭证，其会计分录为：

借：固定资产   9 540

　　贷：银行存款   9 540

并将上述记账凭证金额用日常记账墨水登记入账。

3.划线更正法：

在"应收账款"账户贷方所记错误金额"7 800"上划一条红色横线予以注销，然后将正确数字"8 700"用日常记账墨水写在划线上面，并由记账人员在更正处签章。

4.红字更正法：

用红字金额填制一张与原来一样的记账凭证，其会计分录为：

借：固定资产   90 000

　　贷：资本公积   90 000

并将上述记账凭证金额用红色墨水登记入账。

再用日常记账墨水重新填制一张正确的记账凭证，其会计分录为：

借：固定资产   90 000

　　贷：实收资本   90 000

并将上述记账凭证金额用日常记账墨水登记入账。

5.红字更正法：

将多记金额6 000元用红字金额填制一张记账凭证，其会计分录为：

借：应付账款 6 000
　　贷：银行存款 6 000
并将上述记账凭证金额用红字登记入账。

产品制造企业主要交易和事项的会计记录

第六章

一、本章内容结构

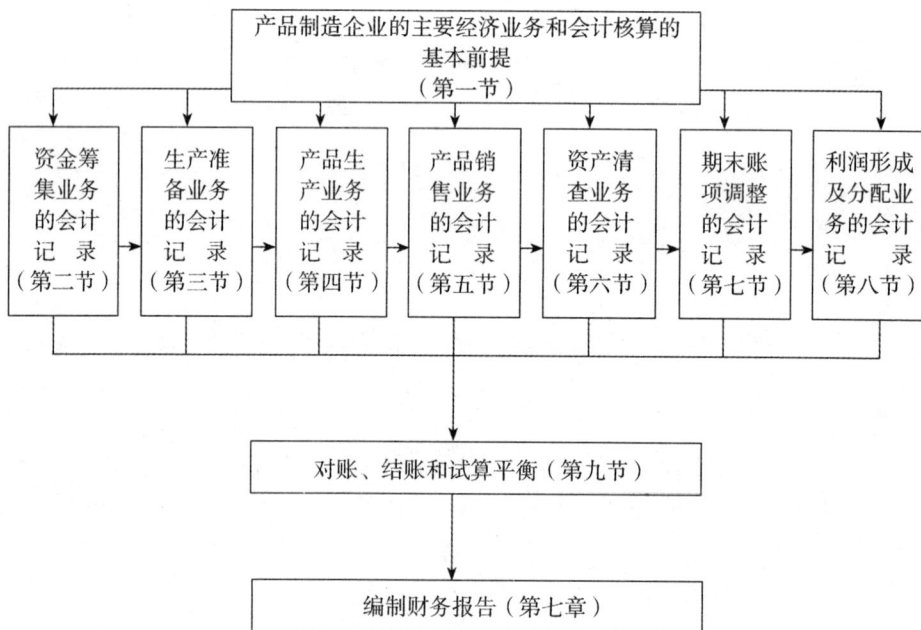

```
                产品制造企业的主要经济业务和会计核算的
                            基本前提
                            （第一节）
```

| 资金筹集业务的会计记录（第二节） | 生产准备业务的会计记录（第三节） | 产品生产业务的会计记录（第四节） | 产品销售业务的会计记录（第五节） | 资产清查业务的会计记录（第六节） | 期末账项调整的会计记录（第七节） | 利润形成及分配业务的会计记录（第八节） |

```
            对账、结账和试算平衡（第九节）
```

```
                编制财务报告（第七章）
```

产品制造企业的主要交易和事项的会计记录，是对设置会计科目与账户、复式记账法、填制和审核会计凭证、登记账簿四个核算方法的综合运用，体现在产品制造企业的主要经济业务和账务处理过程中。但在四个会计核算方法的综合运用过程中，必须遵守会计核算的七个基本前提（第一节）。

产品制造企业的主要交易和事项的五项内容，体现在下列各节之中。企业要生存、发展、获利，就离不开生产经营所需要的资金，企业从投资者和债权人处取得资金的过程，就是企业资金筹集业务的会计记录（第二节）。

企业有了资金，就要进行生产所需的厂房、机器设备等固定资产的购建和原材料的采购，形成了生产准备业务的会计记录（第三节）。

企业取得了生产所需的厂房、机器设备等生产所需的劳动手段以及生产产品所需要的各种原材料等劳动对象，就要组织产品生产，计算产品生产成本

（第四节）。

产品生产出来后，就要组织销售，进行货款结算，支付销售费用，计算税金及附加，结转已售产品生产成本（第五节）。

为了保证会计账簿的真实、可靠、准确、无误，还要对企业单位的库存现金、存货、固定资产进行盘点，将银行存款与银行对账单进行核对，将应收款项与债务单位进行核对，查明库存现金、银行存款、存货、固定资产及应收款项的实存数，并与账面数进行核对，这就是资产清查业务的会计记录（第六节）。

为了执行权责发生制，在会计期末结账前，要对应计收入、应计费用、预收收入、预付费用进行调账，即期末账项调整（第七节）。

会计期末，在资产清查和期末账项调整的基础上，将收入减去费用，加上直接计入当期利润的利得，减去直接计入当期利润的损失，计算出企业利润，扣除按规定应缴纳的所得税，然后按规定提取盈余公积，向投资者分配利润，这就是利润形成及分配业务的会计记录（第八节）。

会计期末，为了保证上述会计记录账证相符、账账相符、账实相符，就要进行对账；为了核算企业的财务状况、经营成果，还要进行结账，为了保证各个账户的增减变动金额及结存情况的正确性，必须进行试算平衡，为编制财务报告做好准备，这就是对账、结账和试算平衡（第九节）。

二、本章学习目的与要求

本章是对前五章介绍的如何设置会计科目与账户、复式记账法、填制和审核会计凭证、登记账簿等内容的综合运用。目的是使初学者运用会计核算方法对产品制造企业主要交易和事项进行会计记录。要求初学者掌握产品制造企业资金筹集业务、生产准备业务、产品生产业务、产品销售业务、资产清查、期末账项调整和利润形成与分配业务的会计记录；学会对账、结账和试算平衡，为编制财务报告做好准备工作。

三、本章重点与难点

（一）重点

掌握产品制造企业主要交易和事项的会计记录。有关会计分录总结如下：

1.资金筹集业务的会计分录。

（1）收到投入资本的会计分录为：

借：相关资产类科目（如银行存款、固定资产、无形资产等）

　　贷：实收资本

（2）企业借入资金的会计分录。

①取得短期借款时的会计分录为：

借：银行存款

　　贷：短期借款

②计提短期借款利息时的会计分录为：

借：财务费用

　　贷：应付利息

③归还短期借款本金、支付利息时的会计分录为：

借：短期借款（本金）

　　　应付利息（已计提的利息）

　　　财务费用（未计提的利息）

　　贷：银行存款

2.生产准备业务的会计分录。

（1）固定资产购入的会计分录为：

借：固定资产（不需安装）或工程物资（需安装）

　　　应交税费——应交增值税（进项税额）

　　贷：银行存款等相关账户

需安装的固定资产安装时的会计分录为：

借：在建工程

　　贷：工程物资（需安装的设备）

　　　　库存现金、银行存款（安装费）等账户

需安装的固定资产安装完毕，交付使用的会计分录为：

借：固定资产

　　贷：在建工程

（2）材料采购业务的会计分录。

①现购。

借：在途物资

　　　应交税费——应交增值税（进项税额）

　　贷：银行存款、库存现金等账户

②赊购。

借：在途物资

　　　应交税费——应交增值税（进项税额）

　　贷：应付账款、应付票据等账户

归还货款时的会计分录为：

借：应付账款、应付票据等账户

　　贷：银行存款、库存现金等账户

③预购。

预付购货款的会计分录为：

借：预付账款

　　贷：银行存款、库存现金等账户

收到已经预付货款的材料时的会计分录为：

借：在途物资

　　应交税费——应交增值税（进项税额）

　贷：预付账款

补付货款时的会计分录为：

借：预付账款

　贷：银行存款、库存现金等账户

材料验收入库时的会计分录为：

借：原材料

　贷：在途物资

3.产品生产业务的会计分录。

（1）发出材料的会计分录为：

借：生产成本（车间生产产品耗用的材料）

　　制造费用（生产车间一般耗用的材料）

　　管理费用（企业管理部门耗用的材料）

　贷：原材料

（2）应付职工薪酬的会计分录。

①支付职工薪酬时：

借：应付职工薪酬

　贷：库存现金（或银行存款）

②分配职工薪酬时：

借：生产成本（车间生产工人的职工薪酬）

　　制造费用（车间管理人员的职工薪酬）

　　管理费用（企业管理人员的职工薪酬）

　贷：应付职工薪酬

（3）累计折旧的会计分录为：

借：制造费用（企业生产车间用固定资产的折旧）

　　管理费用（企业管理部门用固定资产的折旧）

　贷：累计折旧

（4）水电费的会计分录为：

借：制造费用（企业生产车间负担的水电费）

　　管理费用（企业管理部门负担的水电费）

　贷：应付账款

（5）制造费用的会计分录。

①发生制造费用时：

借：制造费用

　贷：银行存款、原材料、应付职工薪酬、应付账款等账户

②结转制造费用时：

辅导与练习

借：生产成本

　　贷：制造费用

（6）结转完工产品生产成本的会计分录为：

借：库存商品

　　贷：生产成本

4.产品销售业务的会计分录。

（1）实现销售收入的会计分录。

①现销。

借：银行存款、库存现金等账户

　　贷：主营业务收入

　　　　应交税费——应交增值税（销项税额）

②赊销。

借：应收账款、应收票据等账户

　　贷：主营业务收入

　　　　应交税费——应交增值税（销项税额）

③预销。

A.预收货款时：

借：银行存款、库存现金等账户

　　贷：预收账款

B.销售产品，预收货款减少时：

借：预收账款

　　贷：主营业务收入

　　　　应交税费——应交增值税（销项税额）

C.收到补付货款时：

借：银行存款、库存现金等账户

　　贷：预收账款

（2）发生销售费用的会计分录为：

借：销售费用

　　贷：银行存款、库存现金等账户

（3）计算税金及附加的会计分录为：

借：税金及附加

　　贷：应交税费

（4）结转已销售产品生产成本的会计分录为：

借：主营业务成本

　　贷：库存商品

5.资产清查业务的会计分录。

（1）库存现金盘盈、盘亏的会计分录。

①库存现金盘盈。

A.批准前：

借：库存现金

   贷：待处理财产损溢——待处理流动资产损溢

B.批准后：

借：待处理财产损溢——待处理流动资产损溢

   贷：营业外收入（无法查明原因）

        其他应付款（应付其他单位或个人）

②库存现金盘亏。

A.批准前：

借：待处理财产损溢——待处理流动资产损溢

   贷：库存现金

B.批准后：

借：管理费用（无法查明原因，由企业承担的部分）

       其他应收款 （由保险公司或责任人赔偿的部分）

   贷：待处理财产损溢——待处理流动资产损溢

（2）存货盘盈、盘亏和毁损的会计分录。

①存货盘盈。

A.批准前：

借：原材料、库存商品等存货

   贷：待处理财产损溢——待处理流动资产损溢

B.批准后：

借：待处理财产损溢

   贷：管理费用

②存货盘亏和毁损。

A.批准前：

借：待处理财产损溢——待处理流动资产损溢

   贷：原材料、库存商品等存货

B.批准后：

借：管理费用（收发计量不准确造成的，由企业承担的部分）

       其他应收款 （由责任者或保险公司赔偿的部分）

       营业外支出（非常损失中的净损失）

   贷：待处理财产损溢——待处理流动资产损溢

（3）固定资产盘亏的会计分录。

A.批准前：

借：待处理财产损溢——待处理固定资产损溢（原值–折旧）

       累计折旧

    贷：固定资产（原值）

  B.批准后：

  借：营业外支出

    贷：待处理财产损溢——待处理固定资产损溢

6.利润的形成及分配业务的会计分录。

（1）利润形成的会计分录。

结转损益类账户中除所得税费用以外的广义费用：

借：本年利润

    贷：主营业务成本

        其他业务成本

        税金及附加

        销售费用

        管理费用

        财务费用

        营业外支出

        资产减值损失

结转损益类账户中的广义收入：

借：主营业务收入

    其他业务收入

    营业外收入

    投资收益

    贷：本年利润

计算所得税费用：

借：所得税费用

    贷：应交税费

结转所得税费用：

借：本年利润

    贷：所得税费用

（2）利润分配的会计分录。

①将"本年利润"账户贷方余额转入"利润分配"账户：

借：本年利润

    贷：利润分配——未分配利润

"本年利润"账户若为借方余额，作相反的会计分录。

②进行利润分配时：

借：利润分配——提取法定盈余公积

           ——应付股利

    贷：盈余公积、应付股利等账户

③年末，结平"利润分配"账户的相关明细账户时：

借：利润分配——未分配利润

　　贷：利润分配——提取法定盈余公积

　　　　　　　　——应付股利

将上述会计分录作为本章重点，是因为本章的核心是会计记录，而在会计记录中，填制凭证在先，登记账簿在后，会计凭证的核心内容是会计分录，只有会计分录正确，才会有会计账簿登记的正确。不懂会计分录，就不可能做好账簿登记。

（二）难点

有关47个账户的内容、用途、结构及具体应用。

四、练习题

（一）填空题

1.会计核算的七个基本前提是（　　）、（　　）、会计分期、货币计量、权责发生制、会计六要素、借贷记账法。

2.目前，产品制造企业的资金来源主要有企业的（　　）投入的资金和通过企业的（　　）借入的资金两种渠道。

3.固定资产购入业务主要涉及（　　）、（　　）、"工程物资"、"应交税费"、"银行存款"、"库存现金"等账户。

4.原材料的采购成本，是指原材料从采购到入库前所发生的全部支出，包括（　　）和（　　）。

5.成本项目是生产费用按经济用途分类的项目，一般分为（　　）、（　　）和制造费用三个成本项目。

6.资产清查是指对企业单位的库存现金、存货、固定资产的盘点，以及对银行存款、应收款项的账目核对，查明库存现金、银行存款、存货、固定资产、应收款项的实存数，并与（　　）进行核对，从而确定（　　）是否相符的一种专门方法。

7.资产清查按清查范围的不同，可以分为（　　）和（　　）两种。

8.未达账项是指在银行存款清查的截止日，企业和银行之间由于凭证的传递时间不同，而导致了记账时间不一致，即一方已接到有关结算凭证并（　　），而另一方由于尚未接到有关结算凭证（　　）的款项。

9.一般来说，财产物资的盘存制度有两种，即（　　）和（　　）。

10.期末账项调整的内容主要包括（　　）的调整和（　　）的调整两项内容。

11.利润是企业在一定会计期间的（　　）。利润包括收入减去费用后的净额、直接计入当期利润的（　　）等。

12.会计人员在会计工作中应具有高度的责任心，工作认真，记账后要定期做好对账工作，做到账证相符、（　　）、（　　）和账表相符。

13."短期借款"账户核算企业向（　　）或其他（　　）等借入的期限在1年

以下（含1年）的各种借款。

14. "应付利息"账户核算企业按照合同约定应支付的利息，包括（　　）、分期付息到期还本的长期借款、（　　）等应支付的利息。

15. "制造费用"账户是用来核算企业为生产产品（或提供劳务）而发生，应该计入产品成本，但不属于（　　）、（　　）的各项生产费用。

16. 期间费用是指不计入产品成本的，用于组织和管理生产经营活动的（　　）、用于产品销售的（　　）和用于筹集生产经营资金的财务费用。

17. "主营业务成本"账户是用来核算企业确认（　　）、（　　）等主营业务收入时应结转的成本。

18. "应收票据"账户是用来核算企业因销售商品、产品，提供劳务等而收到的商业汇票，包括（　　）和（　　）。

19. 库存现金的盘点，应由（　　）会同（　　）共同负责。

20. "交易性金融资产"账户核算企业为交易目的所持有的（　　）投资、（　　）投资、基金投资等交易性金融资产的公允价值。

（二）单项选择题

1. 企业向银行或其他金融机构等借入的借款期在1年以下（含1年）的各种借款一般称为（　　）。

A. 长期借款　　　　　　　　B. 短期借款
C. 长期负债　　　　　　　　D. 流动负债

2. 为筹集生产经营所需资金而发生的费用称为（　　）。

A. 借入资本　　　　　　　　B. 投入资本
C. 管理费用　　　　　　　　D. 财务费用

3. 下列各项中，不属于所有者权益的是（　　）。

A. 资本公积　　　　　　　　B. 实收资本
C. 债权人权益　　　　　　　D. 未分配利润

4. 下列项目中，属于财务费用的是（　　）。

A. 财务人员的工资　　　　　B. 财务部门的办公费
C. 投资损失　　　　　　　　D. 汇兑损失

5. 某企业9月末负债总额200万元，10月份收回欠款15万元，用银行存款归还借款10万元，用银行存款预付购货款5万元，则10月末负债总额为（　　）。

A. 210万元　　　　　　　　B. 205万元
C. 190万元　　　　　　　　D. 175万元

6. 企业购入材料发生的采购费用，应计入（　　）。

A. 管理费用　　　　　　　　B. 材料采购成本
C. 生产成本　　　　　　　　D. 销售费用

7. 固定资产因损耗而减少的价值，应贷记（　　）账户。

A. "固定资产"　　　　　　　B. "累计折旧"

C. "管理费用"   D. "制造费用"

8. "在途物资"账户的贷方对应科目应为（   ）账户。

A. "原材料"   B. "应付账款"

C. "应付票据"   D. "银行存款"

9. 下列项目中，不属于材料采购费用的是（   ）。

A. 材料的运输费   B. 材料的装卸费

C. 材料入库前的挑选整理费用   D. 材料的买价

10. 某企业购入材料一批，买价为 40 000 元，增值税进项税额为 6 800 元，运杂费为 1 200 元，款项以银行存款付讫，材料尚未运达，材料按实际成本核算。其正确的会计分录是（   ）。

A. 借：在途物资   41 200

             应交税费——应交增值税（进项税额）   6 800

        贷：银行存款   48 000

B. 借：原材料   41 200

             应交税费——应交增值税（进项税额）   6 800

        贷：银行存款   48 000

C. 借：在途物资   40 000

             应交税费——应交增值税（进项税额）   6 800

             管理费用   1 200

        贷：银行存款   48 000

D. 借：原材料   48 000

        贷：银行存款   48 000

11. "生产成本"账户期末有借方余额，表示（   ）。

A. 本期完工产品成本   B. 本期投入生产费用

C. 期末库存产品成本   D. 期末在产品成本

12. 下列费用中，应分配计入产品成本的是（   ）。

A. 提取的车间管理人员工资   B. 医务和福利部门人员的工资

C. 劳动保险费   D. 广告费

13. 下列费用中，不可以计入产品成本的是（   ）。

A. 直接材料费   B. 管理费用

C. 直接人工费   D. 制造费用

14. 下列账户中，期末（结转后）一般有余额的账户是（   ）。

A. "原材料"   B. "管理费用"

C. "销售费用"   D. "财务费用"

15. 下列账户中，期末无余额的账户是（   ）。

A. "生产成本"   B. "营业外收入"

C. "应付职工薪酬"   D. "盈余公积"

16.下列项目中，不属于期间费用的是（　　　）。

A.制造费用　　　　　　　　　　B.管理费用

C.财务费用　　　　　　　　　　D.销售费用

17.材料销售取得的收入应在（　　　）账户中核算。

A."主营业务收入"　　　　　　　B."其他业务收入"

C."营业外收入"　　　　　　　　D."投资收益"

18.企业的罚款收入属于（　　　）。

A.基本业务收入　　　　　　　　B.其他业务收入

C.营业外收入　　　　　　　　　D.主营业务收入

19.现金盘点结束后应编制（　　　）。

A.现金对账单　　　　　　　　　B.现金盘存单

C.现金实存账存对比表　　　　　D.现金盘点报告表

20.下列项目中，不属于"利润分配"账户的明细分类账户是（　　　）。

A."提取法定盈余公积"　　　　　B."本年利润"

C."应付股利"　　　　　　　　　D."未分配利润"

21.因更换仓库保管员而对其经管的实物资产进行清查，属于（　　　）。

A.局部清查和定期清查　　　　　B.全面清查和定期清查

C.局部清查和不定期清查　　　　D.全面清查和不定期清查

22.由于自然灾害造成的存货净损失应借记的账户是（　　　）。

A."管理费用"　　　　　　　　　B."其他应收款"

C."营业外支出"　　　　　　　　D."生产成本"

23.下列各项中，属于账实核对的是（　　　）。

A.银行存款日记账与银行对账单核对

B.银行存款日记账与银行存款总账核对

C.银行存款日记账与银行存款付款凭证核对

D.银行存款日记账与银行存款余额调节表核对

24.银行存款余额调节表（　　　）。

A.只起对账的作用　　　　　　　B.是调节账面余额的凭证

C.是登记银行存款日记账的依据　D.属于自制原始凭证

25.采用永续盘存制，平时对财产物资账簿的登记方法应该是（　　　）。

A.只登记增加，不登记减少

B.只登记增加，随时倒挤算出减少

C.只登记增加，月末倒挤算出减少

D.既登记增加，又登记减少

26.应收款项的清查一般采用（　　　）。

A.实地盘点法　　　　　　　　　B.技术推算盘点法

C.余额调节法　　　　　　　　　D.函证核对法

27.平时记录各项财产物资的增加数和减少数，并且随时结出账面余额的财产物资盘存制度是（　　　）。

A.实地盘存制　　　　　　　　　B.永续盘存制

C.实地盘点法　　　　　　　　　D.技术推算盘点法

28.对于采用账结法的企业，"本年利润"账户的期末贷方余额表示（　　　）。

A.本期实现的净利润　　　　　　B.本年累计实现的净利润

C.本期实现的利润总额　　　　　D.本年累计实现的利润总额

29.企业将无法支付的应付账款转销时，应贷记（　　　）账户。

A."应付账款"　　　　　　　　　B."资本公积"

C."营业外收入"　　　　　　　　D."营业外支出"

30.某企业本期已销产品的生产成本为 50 000 元，销售费用为 4 000 元，税金及附加 6 000 元，其产品销售成本为（　　　）。

A.56 000 元　　　　　　　　　　B.50 000 元

C.60 000 元　　　　　　　　　　D.54 000 元

（三）多项选择题

1.在我国投资人的投资全部到位之后，以下项目中与投资数额相等的有（　　　）。

A.负债　　　　　　　　　　　　B.注册资本

C.所有者权益　　　　　　　　　D.实收资本

E.资产

2.应在"财务费用"账户核算的内容包括（　　　）。

A.银行借款利息　　　　　　　　B.汇兑损失

C.银行存款利息　　　　　　　　D.债券投资收到的利息

E.筹集生产经营资金发生的手续费

3.以下费用应记入"制造费用"账户的是（　　　）。

A.车间房屋的折旧费　　　　　　B.车间机器设备的折旧费

C.产品的宣传广告费　　　　　　D.生产工人的劳动保护费

E.生产工人的福利费

4.对于"累计折旧"账户，下述正确的选项有（　　　）。

A.按账户经济内容分类属于资产类账户

B.核算固定资产价值的减少情况

C.借方登记转出固定资产注销的折旧

D.贷方登记折旧的增加

E.不设置明细账户

5.以下应计入产品制造企业主营业务收入的有（　　　）。

A.产成品销售收入　　　　　　　B.自制半成品销售收入

C.修理修配等工业性劳务收入　　D.材料销售收入

E.存款利息收入

6.下述总账科目中，月末转账后无余额的有（　　）。

A."制造费用"　　　　　　　　　B."管理费用"

C."主营业务收入"　　　　　　　D."营业外收入"

E."资产减值损失"

7.下列总账及明细账中，年终结转后有余额或可能有余额的有（　　）。

A."生产成本"　　　　　　　　　B."制造费用"

C."提取法定盈余公积"　　　　　D."未分配利润"

E."在途物资"

8.下列各项中，应计入材料采购成本的有（　　）。

A.材料买价　　　　　　　　　　B.材料运输费

C.材料入库前的整理挑选费用　　D.材料装卸费

E.采购员的差旅费

9.企业购入固定资产，价值3 000元，误记入"管理费用"账户，其结果会导致（　　）。

A.费用多计3 000元　　　　　　B.资产少计3 000元

C.利润多计3 000元　　　　　　D.利润少计3 000元

E.资产多计3 000元

10.下列各项中，应直接计入当期损益的有（　　）。

A.制造费用　　　　　　　　　　B.管理费用

C.主营业务收入　　　　　　　　D.财务费用

E.资产减值损失

11.采用实地盘存制，企业财产物资账簿的登记方法是（　　）。

A.平时登记增加数　　　　　　　B.平时不登记增加数

C.平时登记减少数　　　　　　　D.平时不登记减少数

E.期末根据实地盘点倒挤出本期减少数

12.下列支出直接记入"管理费用"账户借方的有（　　）。

A.董事会费　　　　　　　　　　B.印花税

C.广告费　　　　　　　　　　　D.工会经费

E.房产税

13.下列导致企业银行存款日记账余额小于银行对账单余额的未达账项有（　　）。

A.企业已收款记账而银行未收款未记账的款项

B.银行已收款记账而企业未收款未记账的款项

C.银行已付款记账而企业未付款未记账的款项

D.企业已付款记账而银行未付款未记账的款项

E.企业和银行都已经收款的款项

14. 下列导致企业银行存款日记账余额大于银行对账单余额的未达账项有（   ）。

A. 企业已收款记账而银行未收款未记账的款项

B. 银行已收款记账而企业未收款未记账的款项

C. 银行已付款记账而企业未付款未记账的款项

D. 企业已付款记账而银行未付款未记账的款项

E. 企业和银行都已经收款的款项

15. 对账工作一般应从以下（   ）方面进行。

A. 账证核对　　　　　　　　　B. 账账核对

C. 账表核对　　　　　　　　　D. 账实核对

E. 表表核对

16. 关于试算平衡，下列说法正确的有（   ）。

A. 编制财务报表之前必须进行

B. 能检查出全部记账错误

C. 不一定等到会计期末才进行

D. 能检查出全部过账错误

E. 试算平衡的理论依据是会计恒等式

17. 财产物资的盘存制度有（   ）。

A. 权责发生制　　　　　　　　B. 永续盘存制

C. 收付实现制　　　　　　　　D. 实地盘存制

E. 经济责任制

18. 银行存款日记账与银行对账单的余额不一致，原因可能有（   ）。

A. 银行记账错误　　　　　　　B. 企业记账错误

C. 结算凭证不同　　　　　　　D. 存在未达账项

E. 核算方法不同

19. "营业外支出"账户核算的主要内容有（   ）。

A. 借款利息支出　　　　　　　B. 罚款支出

C. 捐赠支出　　　　　　　　　D. 自然灾害造成的净损失

E. 固定资产盘亏损失

20. 造成账实不符的原因主要有（   ）。

A. 实物资产的自然损耗　　　　B. 实物资产的收发计量错误

C. 管理不善造成的实物资产的毁损　　D. 账簿的漏记、重记

E. 不法分子营私舞弊、贪污盗窃

21. 在资产清查中，下列可作为原始凭证，调整账簿记录的有（   ）。

A. 实存账存对比表　　　　　　B. 现金盘点报告表

C. 盘存单　　　　　　　　　　D. 银行存款余额调节表

E. 往来款项对账单

22.下列费用中，应计入期间费用的有（　　）。

A.行政管理部门人员工资　　　　　B.销售产品的运输费

C.车间管理人员的福利费　　　　　D.采购人员的差旅费

E.短期借款的利息支出

23.关于"利润分配"账户，下列表述中正确的有（　　）。

A.平时，贷方一般不作登记

B.借方登记实际分配的利润数额

C.年末借方余额表示累积未弥补亏损

D.年末贷方余额表示累积未分配利润

E.年末结转后，"利润分配"与其明细账"未分配利润"余额方向、金额均相同

24.下列经济业务中，应记入"待处理财产损溢"账户借方的有（　　）。

A.盘盈固定资产

B.盘亏固定资产

C.结转已批准处理的固定资产盘亏数额

D.结转已批准处理的固定资产盘盈数额

E.盘亏的原材料、库存商品

25.下列各项税金中，通过"税金及附加"核算的有（　　）。

A.消费税　　　　　　　　　B.增值税

C.印花税　　　　　　　　　D.所得税

E.房产税

26.下列资产清查项目中，采用实地盘点法的有（　　）。

A.库存现金　　　　　　　　B.银行存款

C.库存存货　　　　　　　　D.固定资产

E.应收款项

27.下列资产清查项目中，采用账目核对的有（　　）。

A.库存现金　　　　　　　　B.银行存款

C.委托外单位加工存货　　　　D.固定资产

E.应收款项

（四）判断题

1.企业购入材料的实际成本就是材料买价。　　　　　　　　（　　）

2.企业借入一年零八个月期限的银行借款应记入"短期借款"账户。（　　）

3.盈余公积可用于弥补亏损或转增资本。　　　　　　　　（　　）

4.利润分配的顺序是，首先向投资者分配利润。　　　　　　（　　）

5.生产费用是指产品生产过程中所发生的应当计入产品成本的各种费用。
　　　　　　　　　　　　　　　　　　　　　　　　　　（　　）

6.公司的广告应突出企业形象，因此，广告费应作为管理费用入账。（　　）

7.企业材料采购的买价和采购费用，在期末应全部转入"本年利润"账户的借方。　　　　　　　　　　　　　　　　　　　　　　　　　　　（　　）

8.车间领用作为一般耗用的原材料，在会计处理上应相应地增加企业的管理费用。　　　　　　　　　　　　　　　　　　　　　　　　　　　　（　　）

9."生产成本"账户期末若有借方余额，表示企业月末有在产品。（　　）

10."制造费用"账户本期借方发生额应于月末分配转入"生产成本"账户，结转后"制造费用"账户一般无余额。　　　　　　　　　　　　　（　　）

11.企业发生的财务费用会直接影响营业利润的确定。　　　　　（　　）

12.短期借款不论其用途如何，企业发生的短期借款利息均要计入当期损益。　　　　　　　　　　　　　　　　　　　　　　　　　　　　　（　　）

13.提取法定盈余公积会导致企业所有者权益减少。　　　　　　（　　）

14.企业无法支付的应付账款，应在确认时增加企业的资本公积金。（　　）

15.企业固定资产的折旧费只能作为管理费用列支。　　　　　　（　　）

16.企业发生的展览费和广告费应记入"销售费用"。　　　　　　（　　）

17.盈余公积是用来核算企业从营业利润中提取的各种积累资金。（　　）

18.企业在进行实物资产清查时，发现实存数大于账存数，即为盘盈。（　　）

19.企业撤销或合并时应对企业的部分财产物资进行重点清查。　（　　）

20.银行存款余额调节表是企业据以更改账簿记录的依据。　　　（　　）

（五）名词解释

1.结账　　　　　　　　　　　2.对账

3.实收资本　　　　　　　　　4.短期借款

5.财务费用　　　　　　　　　6.固定资产

7.原材料　　　　　　　　　　8.增值税

9.累计折旧　　　　　　　　　10.管理费用

11.职工薪酬　　　　　　　　　12.资产清查

13.未达账项　　　　　　　　　14.实地盘存制

15.永续盘存制　　　　　　　　16.期末账项调整

17.会计核算的基本前提

（1）会计主体

（2）持续经营

（3）会计分期

（4）货币计量

（六）简答题

1.产品制造企业有哪些主要经济业务？

2.会计核算的基本前提包括哪些内容？

3.未达账项包括哪些具体内容？

4.资产清查结果的处理步骤有哪些？

5.期末账项调整的内容和目的有哪些？

6.账账核对包括哪些内容？

7.账实核对包括哪些内容？

（七）业务题

习题一

目的：练习资金筹集业务的会计记录。

资料：海湛股份有限公司20××年1月份发生下列业务。

1.接受投资者投入企业的股本60 000元，款项存入银行。

2.收到某投资者投入的一套全新设备，投资双方确认价值为30 000元的股本；收到投资者投入企业的专利权一项，投资双方确认价值为100 000元的股本。相关手续已办妥。

3.从银行取得期限为4个月的生产经营用借款30 000元，所得借款已存入开户银行。

4.若上述借款年利率为4%，根据与银行签署的借款协议：该项借款的利息分月计提，按季支付，本金于到期后一次归还。计提本月借款利息。

5.从银行取得期限为2年的借款60 000元，所得借款已存入开户银行。

6.偿还到期短期借款本金10 000元。

要求：

1.根据上述经济业务编制会计分录。

2.若1月初海湛股份有限公司的资产总额为600 000元，计算1月末的资产总额。

习题二

目的：练习固定资产购入业务的会计记录。

资料：海湛股份有限公司20××年2月份发生下列经济业务。

1.购入不需要安装的生产设备一台，买价10 000元，增值税进项税额1 700元，保险费500元，包装及运杂费1 300元，全部价款使用银行存款支付，设备购回即投入使用。

2.购入需要安装的生产设备一台，买价50 000元，增值税进项税额8 500元，包装费1 500元，全部价款使用银行存款支付。

3.安装上述设备，领用甲材料2 000元（不考虑增值税），用库存现金支付安装费1 000元。

4.上述设备安装完毕，达到预定可使用状态，并经验收合格交付使用，结转工程成本。

要求：根据上述经济业务编制会计分录。

习题三

目的：练习材料采购业务的会计记录。

资料：海湛股份有限公司20××年2月份发生下列业务（涉及运输费均不考虑增

值税）。

1.从日盛公司购进甲材料1 100千克，每千克20元；乙材料900千克，每千克15元。甲、乙材料价款共计35 500元，支付运杂费4 800元，增值税进项税额6 035元。材料尚未到达，货款、运杂费及增值税进项税额已用银行存款支付（运费按材料重量比例分摊）。

2.从新星工厂购进丙材料4 800千克，每千克40元，发生运杂费2 400元，增值税进项税额32 640元，款项采用商业汇票结算，企业开出并承兑半年期商业承兑汇票一张，材料尚在途中。

3.以银行存款向海河工厂预付购买乙材料货款186 000元。

4.企业收到已预付货款的海河工厂发运的乙材料，尚未验收入库。该批材料买价160 000元，运杂费1 200元，增值税进项税额27 200元。

5.企业对海河工厂发运的乙材料，除冲销原预付货款186 000元外，其余以银行存款支付。

6.月末，本月采购的甲、乙、丙三种材料均已经验收入库，计算并结转已验收入库甲、乙、丙材料的实际采购成本。

要求：根据上述经济业务编制会计分录。

习题四

目的：练习产品生产业务的会计记录。

资料：

1.海湛股份有限公司20××年3月1日，"生产成本——985#产品"账户无余额。

2.海湛股份有限公司20××年3月份发生下列业务：

（1）3月1日，生产985#产品领用相关材料（见表6-1）。

表6-1 生产985#产品领用材料表

材料名称	数量（吨）	单价（元/吨）	金额（元）
101#材料	400	100	40 000
201#材料	1 200	10	12 000
合计	—	—	52 000

（2）3月5日，以库存现金支付企业行政管理部门的办公用品费120元。

（3）3月10日，从银行提取现金20 000元，准备发放上月工资。

（4）3月10日，以现金发放上月职工工资20 000元。

（5）3月12日，以银行存款支付本月份基本生产车间水电费2 500元及办公费425元。

（6）3月25日，以银行存款支付本季度银行借款利息支出15 000元。

（7）3月31日，计提本月份应负担的利息支出5 000元。

（8）3月31日，计提本月份固定资产折旧：

基本生产车间应计提的折旧费6 075元，企业行政管理部门计提折旧费3 000元，合计9 075元。

（9）3月31日，根据本月考勤记录，计提本月职工工资21 000元，其中：

基本生产工人工资16 600元，车间管理人员工资2 400元，企业行政管理人员工资2 000元。

（10）3月31日，结转本月发生的制造费用。

（11）3月31日，985#产品200台全部完工，结转985#产品的生产成本。

要求：

1.根据上述经济业务编制会计分录。

2.计算完工的200台985#产品总成本和单位成本。

习题五

目的：练习产品销售业务的会计记录。

资料：海湛股份有限公司20××年4月份发生下列经济业务：

1.4月2日，销售甲产品500件，每件售价200元，货款100 000元，增值税税率为17%，货款已收到并存入银行。

2.4月5日，收到上月恒新厂所欠货款7 000元，存入银行。

3.4月10日，销售给恒新厂甲产品200件，每件售价200元，乙产品100件，每件售价100元，共计50 000元，增值税销项税额8 500元，收到面值为58 500元的商业汇票一张。

4.4月16日，以银行存款支付金融机构手续费1 000元。

5.4月18日，以银行存款支付销售甲产品、乙产品的保险费用800元、广告宣传费用1 200元。

6.4月26日，销售给明达工厂甲产品900件，每件售价200元，乙产品200件，每件售价100元，计货款200 000元，增值税销项税额34 000元，款项尚未收到。

7.4月30日，上述销售的甲产品、乙产品属于应缴纳消费税的产品，假定消费税税率为5%。

8.4月30日，结转本月已销产品的生产成本（见表6-2）。

表6-2   结转本月已销产品的生产成本表

产品名称	数量（件）	单位成本（元/件）	总成本（元）
甲	1 600	180	288 000
乙	300	80	24 000
合计	—	—	312 000

要求：根据上述经济业务编制会计分录。

习题六

目的：练习银行存款余额调节表的编制。

资料：海湛股份有限公司 20×× 年 5 月 31 日银行存款日记账账面余额 87 010 元，开户银行送来的对账单所列余额为 94 500 元，经逐笔核对，发现未达账项如下。

1.5 月 29 日，企业为支付职工借支差旅费开出现金支票一张，计 1 350 元，持票人尚未到银行取款。

2.5 月 30 日，企业签发转账支票一张支付货款，计 8 550 元，银行尚未入账。

3.5 月 31 日，企业收到购货单位转账支票一张，计 19 400 元，已开具送款单送银行，企业已经入账，但银行尚未入账。

4.5 月 31 日，企业经济纠纷案败诉，银行代扣违约罚金 12 000 元，企业尚未接到凭证而未入账。

5.5 月 31 日，银行计算企业存款利息 3 400 元，已记入企业存款户，企业尚未接到凭证而未入账。

6.5 月 31 日，银行收到企业委托代收销货款 25 590 元，已收妥记入企业存款户，企业尚未接到凭证而未入账。

要求：根据以上未达账项编制银行存款余额调节表。

习题七

目的：练习资产清查的会计记录。

资料：海湛股份有限公司 20×× 年 12 月 31 日进行资产清查发生下列业务：

1.海湛股份有限公司在资产清查中，发现库存现金人民币日记账余额为 10 200 元，实地盘点结果为 10 000 元，实存与账存不相符，经查属于出纳员万芳的责任。根据库存现金盘点结果，完成"库存现金盘点报告表"（见表 6-3）并作相应的会计处理。

表 6-3　　　　　　　　　　**库存现金盘点报告表**

单位名称：　　　　　　　　　　　年 月 日　　　　　　　　　　单位：元

币 种	实存金额	账存金额	实存与账存对比		备 注
			盘盈（长款）	盘亏（短款）	

盘点人签章：　　　　　　　　　　出纳员签章：

2.海湛股份有限公司在资产清查中，发现盘亏乙材料 2 500 元，盘亏 B 商品 3 500 元。经查，盘亏的乙材料属于定额内合理损耗的共计 1 500 元，属于由过失责任人赔偿的共计 1 000 元；盘亏的 B 商品全部属于自然灾害造成的损失。

3.海湛股份有限公司在资产清查中，发现盘亏机器设备一台，账面原值 15 000 元，已提折旧 10 000 元。经查，该设备已报废，按规定处理。

4.海湛股份有限公司在资产清查中发现应收海蓝公司货款 3 000 元。经查，该笔货款确属无法收回的款项，经批准转作坏账损失。（海湛股份有限公司用备抵法核算坏账）

5.海湛股份有限公司在资产清查中，发现应付中兴公司的货款 3 500 元，因中兴公司解散已无法支付，经批准予以转销。

要求：根据上述经济业务编制会计分录。

习题八

目的：练习利润形成与分配业务的会计记录。

资料：海湛股份有限公司 20××年 12 月发生下列业务：

1.用库存现金 600 元支付厂部办公用品费。

2.采购员王明出差归来，报销差旅费，出纳补给他现金 500 元。（王明出差原预借差旅费 2 000 元）

3.计提应由本月负担的银行借款利息 800 元。

4.销售材料价款 20 000 元，增值税税率为 17%，收到商业汇票一张。

5.用银行存款 5 000 元支付参加工业品博览会展位费。

6.结转上述已售材料的成本 18 000 元。

7.用银行存款支付罚款支出 1 400 元。

8.出售为了交易目的而持有的股票，账面价值为 50 000 元，售价为 55 000 元，所得款项存入银行。

9.收到购买方违约罚款收入 2 000 元，存入银行。

10.结转本月实现的各项收入，其中：主营业务收入 360 000 元，其他业务收入 20 000 元，营业外收入 2 000 元，投资收益 5 000 元。

11.月末，结转本月发生的各项费用，其中：主营业务成本 262 000 元，其他业务成本 18 000 元，销售费用 5 000 元，税金及附加 2 300 元，管理费用 14 000 元，财务费用 800 元，营业外支出 1 400 元。

12.按 25%的税率计算并结转本月应交企业所得税。

13.公司 1—11 月累计实现利润总额（无税前扣除项目）4 500 000 元，累计已缴纳所得税 1 125 000 元。结转全年实现的净利润。

14.按全年实现净利润的 10%提取法定盈余公积。

15.准备用全年实现净利润的 20%向投资者分配现金股利。

16.结转"利润分配"的明细分类账户。

要求：根据上述经济业务编制会计分录。

习题九

目的：练习产品制造企业主要交易和事项的会计分录以及试算平衡表的编制。

资料：海湛股份有限公司 20××年 12 月发生下列业务。

1.向银行借入偿还期为 4 个月的借款 20 000 元，已存入开户银行。

2.收到投资人投资 40 000 元，存入开户银行。

3.向华为厂购入甲材料 30 吨，每吨 1 000 元；购入乙材料 20 吨，每吨 2 500 元，增值税税率 17%。材料尚在运输途中，货款未付。

4.购入生产设备一台，价款 60 000 元，增值税进项税额 10 200 元，运杂费 800

元，均已用银行存款支付，设备购回即投入使用。

5.以库存现金支付甲、乙材料运杂费600元（运杂费按材料重量比例分配）。甲、乙材料均已运到并验收入库，结转其实际采购成本。

6.用银行存款支付上月应交税费1 500元。

7.车间领用材料5 000元，用于A产品生产2 500元，用于B产品生产2 000元，用于车间一般消耗500元。

8.从开户银行提取现金36 000元。

9.以现金发放上月员工工资35 000元。

10.以银行存款支付员工各种福利费共计4 000元。

11.企业销售A产品价款15 000元，增值税税率17%，收到商业汇票一张。

12.用银行存款支付销售产品的广告宣传费2 000元。

13.企业销售B产品价款100 000元，增值税税率17%，收到转账支票一张，已到银行办妥进账手续。

14.开出现金支票1 000元，购买厂部办公用品，当即交付使用。

15.接到银行通知，明月厂前欠本公司的货款23 400元已收到。

16.计提本月固定资产折旧，其中车间11 100元，厂部2 900元。

17.销售的上述A产品属于应征消费税的产品，按5%的税率计算A产品的消费税。

18.分配本月工资费用34 500元，其中A产品生产工人工资13 000元，B产品生产工人工资12 000元，车间管理人员工资4 500元，厂部管理人员工资5 000元。

19.分配本月职工福利费，其中A产品生产工人1 300元，B产品生产工人1 400元，车间管理人员600元，厂部管理人员700元。

20.计提应由本月负担的银行借款利息1 200元。

21.月末，按A、B产品生产工人工资比例分配结转制造费用。

22.本月生产的A、B产品全部完工验收入库，结转其实际生产成本。

23.结转本月已销产品成本90 000元，其中A产品12 000元，B产品78 000元。

24.月末，将各损益类账户余额转至"本年利润"账户。

25.计算本月利润总额，按25%的税率计算所得税并予以结转。

26.若公司1—11月累计实现净利润111 412.5元，计算并结转全年实现的净利润。

27.按全年实现净利润的10%提取法定盈余公积。

28.准备用全年实现净利润的30%向投资者分配现金股利。

29.结转"利润分配"的明细分类账户。

要求：

1.根据上述经济业务编制会计分录。

2.开设总分类账户（用T形账户代替）并进行登记。

3.根据总分类账户编制本期发生额试算平衡表。

五、练习题参考答案

（一）填空题

1.会计主体；持续经营　　　　　2.所有者；债权人

3."固定资产"；"在建工程"　　　4.购买价款；采购费用

5.直接材料；直接人工　　　　　6.账面数；账实

7.全面清查；局部清查　　　　　8.已经登记入账；尚未入账

9.实地盘存制；永续盘存制　　　10.应计项目；递延项目

11.经营成果；利得和损失　　　　12.账账相符；账实相符

13.银行；金融机构　　　　　　　14.吸收存款；企业债券

15.直接材料；直接人工　　　　　16.管理费用；销售费用

17.销售商品；提供劳务　　　　　18.银行承兑汇票；商业承兑汇票

19.清查人员；出纳人员　　　　　20.债券；股票

（二）单项选择题

1.B　2.D　3.C　4.D　5.C　6.B　7.B　8.A　9.D　10.A　11.D　12.A　13.B

14.A　15.B　16.A　17.B　18.C　19.D　20.B　21.C　22.C　23.A　24.A　25.D

26.D　27.B　28.B　29.C　30.B

（三）多项选择题

1.BD　2.ABCE　3.ABD　4.ABCDE　5.AB　6.ABCDE　7.ADE　8.ABCD

9.ABD　10.BCDE　11.ADE　12.AD　13.BD　14.AC　15.ABCD　16.ACE　17.BD

18.ABD　19.BCDE　20.ABCDE　21.ABC　22.ABDE　23.ABCDE　24.BE　25.ACE

26.ACD　27.BCE

（四）判断题

1.×　2.×　3.√　4.×　5.√　6.×　7.×　8.×　9.√　10.√　11.√　12.√

13.×　14.×　15.×　16.√　17.×　18.√　19.×　20.×

（五）名词解释

1.结账，就是把每一个会计期间（月份、季度、年度）的经济业务全部登记入账后，按照规定的方法计算，结出本期发生额和期末余额，并将余额结转下期或新账的过程。

2.对账，也称核对账目，是指为了保证账簿提供的资料真实、可靠，会计人员对账簿记录进行的核对工作。对账的内容主要包括账证核对、账账核对、账实核对、账表核对。

3.实收资本，是用来核算企业按照企业章程或合同、协议的有关规定，实际收到的投资者投入企业的资本金。

4.短期借款，是指企业向银行或其他金融机构等借入的期限在1年以下（含1年）的各种借款。

5.财务费用，是指企业为筹集生产经营所需资金等而发生的筹资费用，包括利息支出（减利息收入）、汇兑损失（减汇兑收益）以及相关的手续费、企业发生的现金折扣或收到的现金折扣等。

6.固定资产，是指同时具有下列特征的有形资产：（1）为生产商品或提供劳务、出租或经营管理而持有的；（2）使用寿命超过一个会计年度。

7.原材料，是指企业库存的各种材料，包括原料及主要材料、辅助材料、外购半成品（外购件）、修理用备件（备品备件）、包装材料、燃料等的实际成本（或计划成本）。

8.增值税，是对在我国境内销售货物或者提供加工、修理修配劳务以及进口货物的单位和个人就其实现的增值额征收的一种流转税。

9.累计折旧，是指企业的固定资产由于损耗而减少的价值。

10.管理费用，是指企业行政管理部门为组织和管理生产经营活动而发生的各项费用。

11.职工薪酬，是指企业为获得职工提供的服务而给予的各种形式的报酬以及其他相关支出。

12.资产清查，顾名思义就是对企业单位资产的清查，主要是指对企业单位的库存现金、存货、固定资产的盘点，以及对银行存款、应收款项的账目核对，查明库存现金、银行存款、存货、固定资产及应收款项的实存数，并与账面数进行核对，从而确定账实是否相符的一种专门方法。

13.未达账项，是指在企业和银行之间，由于凭证的传递时间不同，而导致记账时间不一致，即一方已接到有关结算凭证并已经登记入账，而另一方由于尚未接到有关结算凭证尚未入账的款项。

14.实地盘存制，又称定期盘存制，就是在日常会计核算中，在账簿上只登记实物资产的增加，不登记其减少，期末根据实地盘点数倒挤出本期减少数的一种方法。

15.永续盘存制，也称账面盘存制。它是指在日常会计核算中，对各项实物资产的增加或减少，都必须根据会计凭证逐笔或逐日在有关账簿中进行连续登记，并随时结出该项实物资产结存数的一种制度。

16.期末账项调整，是指企业在期末结账前，按照权责发生制原则，确定本期的应得收入和应负担的费用，并据以对账簿记录的有关账项做出必要调整的会计处理方法。

17.会计核算的基本前提是指所有企业会计人员在进行会计核算工作时，都必须遵循的先决条件，是在进行会计核算工作之前，对会计核算的已经明确或不明确的不确定情况所作的限定或姑且认定。

（1）会计主体是指会计为之服务的特定单位。

（2）持续经营是指会计主体的经营活动将无限期地延续下去，在可以预见的将来不会因破产、清算、解散等而不复存在。

（3）会计分期是指把企业持续不断的经营过程划分为较短的相对等距的会计

期间。

（4）货币计量是指会计主体在进行会计核算时，应以货币作为计量单位，反映会计主体的经营活动。

（六）简答题

1.产品制造企业有哪些主要经济业务？

答：产品制造企业的主要经济业务可以概括为以下五部分内容。

（1）资金筹集业务；

（2）生产准备业务；

（3）产品生产业务；

（4）产品销售业务；

（5）利润形成和分配业务。

2.会计核算的基本前提包括哪些内容？

答：会计核算的基本前提包括会计主体、持续经营、会计分期、货币计量。

3.未达账项包括哪些具体内容？

答：未达账项是指在银行存款清查截止日，企业和银行之间，由于凭证的传递时间不同，而导致记账时间不一致，即一方已接到有关结算凭证并已经登记入账，而另一方由于尚未接到有关结算凭证尚未入账的款项。未达账项总体来说有两大类型：一是企业已经入账而银行尚未入账的款项；二是银行已经入账而企业尚未入账的款项。

具体来讲，未达账项有以下四种情况：

（1）企收，银未收，即企业已收款记账，银行未收款未记账的款项。

（2）企付，银未付，即企业已付款记账，银行未付款未记账的款项。

（3）银收，企未收，即银行已收款记账，企业未收款未记账的款项。

（4）银付，企未付，即银行已付款记账，企业未付款未记账的款项。

4.资产清查结果的处理步骤有哪些？

答：企业对资产清查的结果，应当按照国家有关会计准则的规定进行认真处理。资产清查中发现的盘盈和盘亏等问题，首先要核准金额，然后按规定的程序报经上级部门批准后，才能进行会计处理，其处理的主要步骤如下：

（1）核准数字（包括金额和数量），查明原因。

（2）调整账簿记录，做到账实相符。

（3）报请批准，进行批准后的账务处理。

5.期末账项调整的内容和目的有哪些？

答：期末账项调整的内容包括：（1）应计项目的调整，如应收利息、应收租金等应计收入，应付工资、应付利息及应付租金等应计费用的调整等；（2）递延项目的调整，如预收货款、预收租金等预收收入，预付保险费、预付报刊订阅费、预付办公用品费等预付费用的调整。

期末账项调整的目的是按照应收、应付这一标准，合理地反映相互连接的各会计期间应得的收入和应负担的费用，使各期的收入和费用能在相互对应的基础上进行配比，从而比较正确地计算各期的损益。

6.账账核对包括哪些内容？

答：账账核对的主要内容包括：

（1）总分类账簿记录之间的核对。总分类账各账户借方发生额（或余额）合计数与贷方发生额（或余额）合计数是否相等。

（2）总分类账簿与有关明细分类账簿之间的核对。总分类账各账户的余额与有关的明细分类账各账户的余额合计数是否相等。

（3）总分类账簿与日记账簿之间的核对。库存现金日记账和银行存款日记账的余额与总分类账各该账户的余额是否相等。

（4）明细分类账簿之间的核对。例如，会计部门有关财产物资的明细分类账余额，应该同财产物资保管或使用部门明细分类账的登记内容按月或定期相互核对，保证相符。

7.账实核对包括哪些内容？

答：账实核对的具体内容包括：

（1）库存现金日记账账面余额与现金实际库存数相互核对；

（2）银行存款日记账账面余额与开户银行各账户的对账单相互核对；

（3）各种财产物资明细分类账账面余额与财产物资实存数相互核对；

（4）各种应收、应付款明细分类账账面余额与对方单位账面记录相核对。

在实际会计核算工作中，账实核对一般是通过资产清查进行的。

（七）业务题

习题一

解：1.编制的会计分录如下：

（1）借：银行存款　　　　　　　　　　　　　　60 000
　　　　贷：股本　　　　　　　　　　　　　　　　　　60 000
（2）借：固定资产　　　　　　　　　　　　　　30 000
　　　　　无形资产　　　　　　　　　　　　　100 000
　　　　贷：股本　　　　　　　　　　　　　　　　　　130 000
（3）借：银行存款　　　　　　　　　　　　　　30 000
　　　　贷：短期借款　　　　　　　　　　　　　　　　30 000
（4）海湛股份有限公司1月应负担的利息=30 000×4%÷12×1=100（元）
　　借：财务费用　　　　　　　　　　　　　　　100
　　　　贷：应付利息　　　　　　　　　　　　　　　　100
（5）借：银行存款　　　　　　　　　　　　　　60 000
　　　　贷：长期借款　　　　　　　　　　　　　　　　60 000
（6）借：短期借款　　　　　　　　　　　　　　10 000
　　　　贷：银行存款　　　　　　　　　　　　　　　　10 000

辅导与练习

2.1月末的资产总额=600 000+60 000+130 000+30 000+60 000−10 000
=870 000（元）

习题二

解：1.借：固定资产   11 800
   应交税费——应交增值税（进项税额） 1 700
    贷：银行存款   13 500
2.借：工程物资   51 500
   应交税费——应交增值税（进项税额） 8 500
    贷：银行存款   60 000
3.借：在建工程   54 500
    贷：工程物资   51 500
     原材料   2 000
     库存现金   1 000
4.借：固定资产   54 500
    贷：在建工程   54 500

习题三

解：1.甲、乙材料运杂费分配率=4 800÷（1 100+900）=2.4（元/千克）
  甲材料应分配的运杂费=1 100×2.4=2 640（元）
  乙材料应分配的运杂费=900×2.4=2 160（元）
  甲材料采购成本=20×1 100+2 640=24 640（元）
  乙材料采购成本=15×900+2 160=15 660（元）

借：在途物资——甲材料   24 640
    ——乙材料   15 660
  应交税费——应交增值税（进项税额） 6 035
   贷：银行存款   46 335
2.丙材料采购成本=40×4 800+2 400=194 400（元）
借：在途物资——丙材料   194 400
  应交税费——应交增值税（进项税额） 32 640
   贷：应付票据   227 040
3.借：预付账款——海河工厂   186 000
   贷：银行存款   186 000
4.借：在途物资——乙材料   161 200
  应交税费——应交增值税（进项税额） 27 200
   贷：预付账款——海河工厂   188 400
5.借：预付账款——海河工厂   2 400
   贷：银行存款   2 400
6.甲材料总成本=24 640元

产品制造企业主要交易和事项的会计记录

乙材料总成本=15 660+161 200=176 860（元）

丙材料总成本=194 400元

借：原材料——甲材料	24 640	
——乙材料	176 860	
——丙材料	194 400	
贷：在途物资——甲材料		24 640
——乙材料		176 860
——丙材料		194 400

习题四

解：1.编制的会计分录如下：

（1）借：生产成本——985#产品	52 000	
贷：原材料——101#材料		40 000
——201#材料		12 000
（2）借：管理费用——办公费	120	
贷：库存现金		120
（3）借：库存现金	20 000	
贷：银行存款		20 000
（4）借：应付职工薪酬	20 000	
贷：库存现金		20 000
（5）借：制造费用	2 925	
贷：银行存款		2 925
（6）借：应付利息	15 000	
贷：银行存款		15 000
（7）借：财务费用	5 000	
贷：应付利息		5 000
（8）借：制造费用	6 075	
管理费用	3 000	
贷：累计折旧		9 075
（9）借：生产成本——985#产品	16 600	
制造费用	2 400	
管理费用	2 000	
贷：应付职工薪酬		21 000
（10）借：生产成本——985#产品	11 400	
贷：制造费用		11 400
（11）借：库存商品——985#产品	80 000	
贷：生产成本——985#产品		80 000

2.985#产品总成本=52 000+16 600+11 400=80 000（元）

985#产品单位成本=80 000÷200=400（元/台）

习题五

解：1.借：银行存款   117 000

   贷：主营业务收入   100 000

    应交税费——应交增值税（销项税额） 17 000

2.借：银行存款   7 000

  贷：应收账款——恒新厂   7 000

3.借：应收票据——恒新厂   58 500

  贷：主营业务收入   50 000

   应交税费——应交增值税（销项税额） 8 500

4.借：财务费用   1 000

  贷：银行存款   1 000

5.借：销售费用   2 000

  贷：银行存款   2 000

6.借：应收账款——明达工厂   234 000

  贷：主营业务收入   200 000

   应交税费——应交增值税（销项税额） 34 000

7.应缴纳的消费税=本期甲、乙产品销售收入×税率=350 000×5%=17 500（元）

借：税金及附加   17 500

  贷：应交税费——应交消费税   17 500

8.借：主营业务成本   312 000

  贷：库存商品——甲产品   288 000

     ——乙产品   24 000

习题六

解：银行存款余额调节表见表6-4。

表6-4   **银行存款余额调节表**

20××年5月31日   单位：元

项　目	金　额	项　目	金　额
企业银行存款日记账余额	87 010	银行对账单余额	94 500
加：银行已收，企业未收	3 400	加：企业已收，银行未收	19 400
	25 590	减：企业已付，银行未付	8 550
减：银行已付，企业未付	12 000		1 350
调节后的存款余额	104 000	调节后的存款余额	104 000

习题七

解：1.库存现金盘点报告表见表6-5。

表6-5   库存现金盘点报告表
单位名称：海湛股份有限公司   20××年12月31日   单位：元

币　种	实存金额	账存金额	实存与账存对比		备　注
			盘盈（长款）	盘亏（短款）	
人民币	10 000	10 200		200	

盘点人签章：×× 　　　　　　　　　　　　　　出纳员签章：万芳

（1）批准前：

借：待处理财产损溢——待处理流动资产损溢   200

　　贷：库存现金   200

（2）批准后：

借：其他应收款——万芳   200

　　贷：待处理财产损溢——待处理流动资产损溢   200

2.（1）在批准前，根据"实存账存对比表"所确定的材料和商品盘亏数额，编制如下会计分录：

借：待处理财产损溢——待处理流动资产损溢   6 000

　　贷：原材料——乙材料   2 500

　　　　库存商品——B商品   3 500

（2）上述盘亏的原材料和商品经批准后根据不同的原因进行不同的会计处理。其中，盘亏的原材料应由责任者赔偿的部分，记入"其他应收款"账户；定额内合理损耗的部分，记入"管理费用"账户；自然灾害造成的盘亏B商品，属于非正常损失，应记入"营业外支出"账户。根据以上情况，编制如下会计分录：

借：管理费用   1 500

　　其他应收款   1 000

　　营业外支出   3 500

　　贷：待处理财产损溢——待处理流动资产损溢   6 000

3.对于盘亏的固定资产，在批准前应按其账面净值借记"待处理财产损溢"账户，按其账面已提折旧记入"累计折旧"账户，按其账面原始价值记入"固定资产"账户，经过批准之后再将其净值记入"营业外支出"账户。

（1）在批准前，根据"实存账存对比表"所确定的机器设备盘亏数字，编制如下会计分录：

借：待处理财产损溢——待处理固定资产损溢   5 000

　　累计折旧   10 000

　　贷：固定资产   15 000

（2）上述盘亏的固定资产经批准后作相应的会计处理。其中盘亏固定资产的净值5 000元记入"营业外支出"账户的借方。根据以上情况，编制如下会计分录：

借：营业外支出   5 000
　　贷：待处理财产损溢——待处理固定资产损溢   5 000

4.借：坏账准备   3 000
　　贷：应收账款   3 000

5.借：应付账款   3 500
　　贷：营业外收入   3 500

习题八

解：1.借：管理费用   600
　　　　贷：库存现金   600

2.借：管理费用   2 500
　　贷：其他应收款——王明   2 000
　　　　库存现金   500

3.借：财务费用   800
　　贷：应付利息   800

4.借：应收票据   23 400
　　贷：其他业务收入   20 000
　　　　应交税费——应交增值税（销项税额）   3 400

5.借：销售费用   5 000
　　贷：银行存款   5 000

6.借：其他业务成本   18 000
　　贷：原材料   18 000

7.借：营业外支出   1 400
　　贷：银行存款   1 400

8.借：银行存款   55 000
　　贷：交易性金融资产   50 000
　　　　投资收益   5 000

9.借：银行存款   2 000
　　贷：营业外收入   2 000

10.借：主营业务收入   360 000
　　　其他业务收入   20 000
　　　营业外收入   2 000
　　　投资收益   5 000
　　贷：本年利润   387 000

11.借：本年利润   303 500
　　贷：主营业务成本   262 000
　　　　其他业务成本   18 000
　　　　税金及附加   2 300

销售费用	5 000
管理费用	14 000
财务费用	800
营业外支出	1 400

12.本月利润总额=387 000−303 500=83 500（元）

本月应交所得税=83 500×25%=20 875（元）

借：所得税费用 20 875

　　贷：应交税费 20 875

借：本年利润 20 875

　　贷：所得税费用 20 875

13.全年实现净利润=1—11月净利润+12月净利润

　　　　　　　　=（4 500 000−1 125 000）+（83 500−20 875）

　　　　　　　　=3 437 625（元）

借：本年利润 3 437 625

　　贷：利润分配——未分配利润 3 437 625

14.借：利润分配——提取法定盈余公积 343 762.5

　　　贷：盈余公积 343 762.5

15.借：利润分配——应付股利 687 525

　　　贷：应付股利 687 525

16.借：利润分配——未分配利润 1 031 287.5

　　　贷：利润分配——提取法定盈余公积 343 762.5

　　　　　　　　　　——应付股利 687 525

习题九

解：1.编制的会计分录如下：

（1）借：银行存款 20 000

　　　　贷：短期借款 20 000

（2）借：银行存款 40 000

　　　　贷：实收资本 40 000

（3）借：在途物资——甲材料 30 000

　　　　　　　　　　——乙材料 50 000

　　　　应交税费——应交增值税（进项税额） 13 600

　　　　贷：应付账款——华为厂 93 600

（4）借：固定资产 60 800

　　　　应交税费——应交增值税（进项税额） 10 200

　　　　贷：银行存款 71 000

（5）①运杂费分配率=600÷（30+20）=12（元/吨）

　　　　甲材料负担的运杂费=30×12=360（元）

乙材料负担的运杂费=20×12=240（元）

借：在途物资——甲材料 360
　　　　　　——乙材料 240
　贷：库存现金 600
②借：原材料——甲材料 30 360
　　　　　——乙材料 50 240
　　贷：在途物资——甲材料 30 360
　　　　　　　　——乙材料 50 240
（6）借：应交税费 1 500
　　贷：银行存款 1 500
（7）借：生产成本——A产品 2 500
　　　　　　　——B产品 2 000
　　　制造费用 500
　　贷：原材料 5 000
（8）借：库存现金 36 000
　　贷：银行存款 36 000
（9）借：应付职工薪酬——工资 35 000
　　贷：库存现金 35 000
（10）借：应付职工薪酬——职工福利 4 000
　　贷：银行存款 4 000
（11）借：应收票据 17 550
　　贷：主营业务收入——A产品 15 000
　　　　应交税费——应交增值税（销项税额） 2 550
（12）借：销售费用 2 000
　　贷：银行存款 2 000
（13）借：银行存款 117 000
　　贷：主营业务收入——B产品 100 000
　　　　应交税费——应交增值税（销项税额） 17 000
（14）借：管理费用 1 000
　　贷：银行存款 1 000
（15）借：银行存款 23 400
　　贷：应收账款——明月厂 23 400
（16）借：制造费用 11 100
　　　管理费用 2 900
　　贷：累计折旧 14 000
（17）借：税金及附加 750
　　贷：应交税费——应交消费税 750

（18）借：生产成本——A产品　　　　　　　　　　　　　　　　13 000

　　　　　　——B产品　　　　　　　　　　　　　　　　12 000

　　　　制造费用　　　　　　　　　　　　　　　　　　　4 500

　　　　管理费用　　　　　　　　　　　　　　　　　　　5 000

　　　贷：应付职工薪酬——工资　　　　　　　　　　　　　　　　　　34 500

（19）借：生产成本——A产品　　　　　　　　　　　　　　　　1 300

　　　　　　——B产品　　　　　　　　　　　　　　　　1 400

　　　　制造费用　　　　　　　　　　　　　　　　　　　　600

　　　　管理费用　　　　　　　　　　　　　　　　　　　　700

　　　贷：应付职工薪酬——职工福利　　　　　　　　　　　　　　　　4 000

（20）借：财务费用　　　　　　　　　　　　　　　　　　　1 200

　　　贷：应付利息　　　　　　　　　　　　　　　　　　　　　　　1 200

（21）制造费用分配率=16 700÷（13 000+12 000）=0.668

　　　　A产品负担的制造费用=13 000×0.668=8 684（元）

　　　　B产品负担的制造费用=12 000×0.668=8 016（元）

借：生产成本——A产品　　　　　　　　　　　　　　　　8 684

　　　　——B产品　　　　　　　　　　　　　　　　8 016

　贷：制造费用　　　　　　　　　　　　　　　　　　　　　　16 700

（22）借：库存商品——A产品　　　　　　　　　　　　　　　25 484

　　　　　　——B产品　　　　　　　　　　　　　　　23 416

　　　贷：生产成本——A产品　　　　　　　　　　　　　　　　　25 484

　　　　　　——B产品　　　　　　　　　　　　　　　　23 416

（23）借：主营业务成本　　　　　　　　　　　　　　　　　90 000

　　　贷：库存商品——A产品　　　　　　　　　　　　　　　　　12 000

　　　　　　——B产品　　　　　　　　　　　　　　　　78 000

（24）①借：主营业务收入　　　　　　　　　　　　　　　115 000

　　　　贷：本年利润　　　　　　　　　　　　　　　　　　　　115 000

②借：本年利润　　　　　　　　　　　　　　　　　　103 550

　　贷：主营业务成本　　　　　　　　　　　　　　　　　　90 000

　　　税金及附加　　　　　　　　　　　　　　　　　　　　750

　　　销售费用　　　　　　　　　　　　　　　　　　　2 000

　　　管理费用　　　　　　　　　　　　　　　　　　　9 600

　　　财务费用　　　　　　　　　　　　　　　　　　　1 200

（25）利润总额=115 000−103 550=11 450（元）

　　　所得税费用=11 450×25%=2 862.5（元）

①借：所得税费用　　　　　　　　　　　　　　　　　　2 862.5

　　贷：应交税费——应交所得税　　　　　　　　　　　　　　　2 862.5

②借：本年利润　　　　　　　　　　　　　　　　　2 862.5
　　贷：所得税费用　　　　　　　　　　　　　　　　　　　2 862.5
（26）全年实现的净利润=1—11月净利润+12月净利润
　　　　　　　　　　 =111 412.5+（11 450-2 862.5）
　　　　　　　　　　 =120 000（元）

借：本年利润　　　　　　　　　　　　　　　　　　120 000
　贷：利润分配——未分配利润　　　　　　　　　　　　　120 000
（27）借：利润分配——提取法定盈余公积　　　　　12 000
　　　　贷：盈余公积　　　　　　　　　　　　　　　　　12 000
（28）借：利润分配——应付股利　　　　　　　　　36 000
　　　　贷：应付股利　　　　　　　　　　　　　　　　　36 000
（29）借：利润分配——未分配利润　　　　　　　　48 000
　　　　贷：利润分配——提取法定盈余公积　　　　　　　12 000
　　　　　　　　　　——应付股利　　　　　　　　　　　36 000

2.登记的总分类账户如下：

借方		库存现金		贷方	
	（8）	36 000	（5）①		600
			（9）		35 000
本期发生额：		36 000	本期发生额：		35 600

借方		银行存款		贷方	
	（1）	20 000	（4）		71 000
	（2）	40 000	（6）		1 500
	（13）	117 000	（8）		36 000
	（15）	23 400	（10）		4 000
			（12）		2 000
			（14）		1 000
本期发生额：		200 400	本期发生额：		115 500

借方		应收账款		贷方	
			（15）		23 400
本期发生额：		—	本期发生额：		23 400

借方		应收票据		贷方	
	（11）	17 550			
本期发生额：		17 550	本期发生额：		—

借方		在途物资		贷方	
	（3）	80 000			
	（5）①	600	（5）②		80 600
本期发生额：		80 600	本期发生额：		80 600

借方	原材料			贷方
（5）②	80 600		（7）	5 000
本期发生额：	80 600	本期发生额：		5 000

借方	库存商品			贷方
（22）	48 900		（23）	90 000
本期发生额：	48 900	本期发生额：		90 000

借方	生产成本			贷方
（7）	4 500			
（18）	25 000			
（19）	2 700			
（21）	16 700		（22）	48 900
本期发生额：	48 900	本期发生额：		48 900

借方	制造费用			贷方
（7）	500			
（16）	11 100			
（18）	4 500			
（19）	600		（21）	16 700
本期发生额：	16 700	本期发生额：		16 700

借方	固定资产			贷方
（4）	60 800			
本期发生额：	60 800	本期发生额：		—

借方	累计折旧			贷方
			（16）	14 000
本期发生额：	—	本期发生额：		14 000

借方	短期借款			贷方
			（1）	20 000
本期发生额：	—	本期发生额：		20 000

借方	应付账款			贷方
			（3）	93 600
本期发生额：	—	本期发生额：		93 600

借方			应付职工薪酬			贷方
	（9）	35 000			（18）	34 500
	（10）	4 000			（19）	4 000
本期发生额：		39 000	本期发生额：			38 500

借方			应交税费			贷方
	（3）	13 600.0			（11）	2 550.0
	（4）	10 200.0			（13）	17 000.0
	（6）	1 500.0			（17）	750.0
					（25） ①	2 862.5
本期发生额：		25 300.0	本期发生额：			23 162.5

借方		应付利息			贷方
				（20）	1 200
本期发生额：		—	本期发生额：		1 200

借方		应付股利			贷方
				（28）	36 000
本期发生额：		—	本期发生额：		36 000

借方		实收资本			贷方
				（2）	40 000
本期发生额：		—	本期发生额：		40 000

借方		盈余公积			贷方
				（27）	12 000
本期发生额：		—	本期发生额：		12 000

借方			本年利润			贷方
	（24） ②	103 550.0			（24） ①	115 000.0
	（25） ②	2 862.5				
	（26）	120 000.0				
本期发生额：		226 412.5	本期发生额：			115 000.0

借方			利润分配			贷方
	（27）	12 000			（26）	120 000
	（28）	36 000			（29）	48 000
	（29）	48 000				
本期发生额：		96 000	本期发生额：			168 000

借方			主营业务收入			贷方
					（11）	15 000
	（24） ①	115 000			（13）	100 000
本期发生额：		115 000	本期发生额：			115 000

借方	主营业务成本		贷方
	（23） 90 000	（24）②	90 000
本期发生额：	90 000	本期发生额：	90 000

借方	税金及附加		贷方
	（17） 750	（24）②	750
本期发生额：	750	本期发生额：	750

借方	销售费用		贷方
	（12） 2 000	（24）②	2 000
本期发生额：	2 000	本期发生额：	2 000

借方	管理费用		贷方
	（14） 1 000		
	（16） 2 900		
	（18） 5 000		
	（19） 700	（24）②	9 600
本期发生额：	9 600	本期发生额：	9 600

借方	财务费用		贷方
	（20） 1 200	（24）②	1 200
本期发生额：	1 200	本期发生额：	1 200

借方	所得税费用		贷方
	（25）① 2 862.5	（25）②	2 862.5
本期发生额：	2 862.5	本期发生额：	2 862.5

3.编制的本期发生额试算平衡表见表6-6。

表6-6　　　　　　　　　总分类账户发生额试算平衡表

20××年12月　　　　　　　　　　　　　　　单位：元

会计科目	借　方	贷　方
库存现金	36 000	35 600
银行存款	200 400	115 500
应收票据	17 550	
应收账款		23 400
在途物资	80 600	80 600
原材料	80 600	5 000
库存商品	48 900	90 000
生产成本	48 900	48 900

会计科目	借　方	贷　方
制造费用	16 700	16 700
固定资产	60 800	
累计折旧		14 000
短期借款		20 000
应付账款		93 600
应付职工薪酬	39 000	38 500
应交税费	25 300	23 162.5
应付利息		1 200
应付股利		36 000
实收资本		40 000
盈余公积		12 000
本年利润	226 412.5	115 000
利润分配	96 000	168 000
主营业务收入	115 000	115 000
主营业务成本	90 000	90 000
税金及附加	750	750
销售费用	2 000	2 000
管理费用	9 600	9 600
财务费用	1 200	1 200
所得税费用	2 862.5	2 862.5
合　计	1 198 575	1 198 575

编制财务报告

第七章

一、本章内容结构

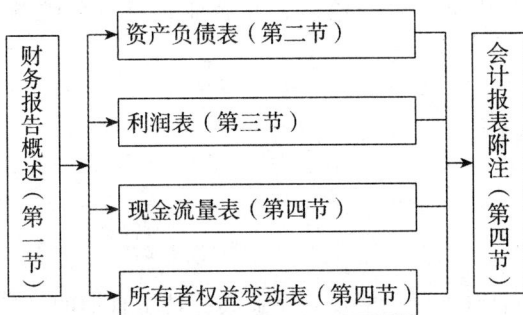

```
                    ┌─────────────────────┐
                ┌──→│ 资产负债表（第二节）  │──┐
                │   └─────────────────────┘  │
┌─────────┐     │   ┌─────────────────────┐  │   ┌─────────┐
│ 财       │     ├──→│ 利润表（第三节）      │──┤   │ 会       │
│ 务       │     │   └─────────────────────┘  │   │ 计       │
│ 报       │     │                            │   │ 报       │
│ 告       │─────┤   ┌─────────────────────┐  ├──→│ 表       │
│ 概       │     ├──→│ 现金流量表（第四节）  │──┤   │ 附       │
│ 述       │     │   └─────────────────────┘  │   │ 注       │
│ （第     │     │                            │   │ （第     │
│ 一       │     │   ┌─────────────────────┐  │   │ 四       │
│ 节）     │     └──→│ 所有者权益变动表（第四节）│──┘   │ 节）     │
└─────────┘         └─────────────────────┘      └─────────┘
```

　　编制财务报告是会计核算方法中最后一个核算方法，是会计核算程序的最后一个程序，也是会计循环的最后一个环节。财务报告提供的资料与其他核算资料相比，具有更集中、更概括、更系统和更有条理的特点。本章在第六章对工业企业的主要交易和事项进行会计确认、会计计量和会计记录的基础上，编制财务报告（也就是在建账、记账、过账、对账和结账的基础上进行报账的过程）。其核心是编制财务报表。

　　什么是财务报告？财务报告包括哪些内容？财务报告的目标是什么？有何作用？编制财务报告有哪些要求？这就是财务报告概述（第一节）。

　　《企业会计准则——基本准则》第四条明确指出：财务会计报告的目标是向财务会计报告使用者提供与企业财务状况、经营成果和现金流量等有关的会计信息，反映企业管理层受托责任履行情况，有助于财务会计报告使用者做出经济决策。要实现财务报告目标，就要编制反映企业财务状况的报表——资产负债表（第二节），编制反映企业经营成果的报表——利润表（第三节），编制反映企业现金流量情况的报表——现金流量表、反映构成所有者权益的各组成部分当期的增减变动情况的报表——所有者权益变动表（第四节）。在资产负债表、利润表、现金流量表和所有者权益变动表等报表中列示项目的文字描述或明细资料，以及对未能在这些报表中列示项目的说明，就是会计报表附注（第四节）。

二、本章学习目的与要求

本章主要介绍如何在第六章对工业企业的主要交易和事项进行会计确认、会计计量和会计记录的基础上编制财务报告。目的是使初学者了解财务报告的基本概念，通过学习熟悉主要会计报表的结构并掌握其编制方法。

三、本章重点与难点

（一）重点

掌握资产负债表和利润表的编制方法。

将资产负债表与利润表作为编制的重点，是因为资产负债表和利润表是反映企业财务状况和经营成果的财务报表，是企业每月都要编制的、最重要的财务报表。

（二）难点

资产负债表的编制。

四、练习题

（一）填空题

1.财务报告是企业对外提供的反映企业某一特定日期的（　　　）和某一会计期间的（　　　）、现金流量等会计信息的文件。

2.一套完整的会计报表至少应当包括（　　　）、（　　　）、现金流量表、所有者权益变动表。

3.财务报表按编报期间的不同，可以分为（　　　）财务报表和（　　　）财务报表。

4.资产负债表的格式一般有两种：（　　　）和（　　　）。

5.财务报表按编报主体的不同，可以分为（　　　）财务报表和（　　　）财务报表。

6.我国资产负债的左侧为（　　　），右侧为（　　　）和所有者权益。

7.我国资产负债表中的资产一般按（　　　）排列，负债一般按（　　　）排列，所有者权益按永久性程度的高低顺序排列。

8.利润表的格式一般有两种：（　　　）和（　　　）。

9.利润表的正表内容主要分为以下三个层次：第一个层次是（　　　）；第二个层次是（　　　）；第三个层次是净利润。

（二）单项选择题

1.我国资产负债表的格式是（　　　）。

A.单步式　　　　　　　　　　B.多步式

C.账户式　　　　　　　　　　D.报告式

2.某企业期末"在建工程""原材料""生产成本""库存商品"总账借方余额

分别为：1 200元、3 000元、5 000元和2 400元。该企业资产负债表"存货"项目的期末数为（　　）元。

A.5 400　　　　　　　　　　B.6 600

C.10 400　　　　　　　　　　D.11 600

3.资产负债表中的"货币资金"项目，应根据（　　）填列。

A."库存现金"科目的期末借方余额

B."银行存款"科目的期末借方余额

C."库存现金"和"银行存款"科目的期末借方余额之和

D."库存现金"、"银行存款"和"其他货币资金"科目的期末借方余额之和

4.下列资产负债表项目中，根据总分类账户期末余额直接填列的项目是（　　）。

A.实收资本　　　　　　　　　B.货币资金

C.存货　　　　　　　　　　　D.应付账款

5.构成资产负债表的会计要素是（　　）。

A.资产、负债、收入　　　　　B.资产、费用、利润

C.资产、负债、费用　　　　　D.资产、负债、所有者权益

6.资产负债表中，流动资产项目不包括（　　）。

A.应收账款　　　　　　　　　B.货币资金

C.存货　　　　　　　　　　　D.无形资产

7."应付账款"科目所属明细科目如有借方余额，应在资产负债表的（　　）项目中反映。

A.应收账款　　　　　　　　　B.预付款项

C.预收款项　　　　　　　　　D.应付账款

8.编制资产负债表时，下列项目中可根据总分类账户的期末余额直接填列的是（　　）。

A.短期借款　　　　　　　　　B.存货

C.应收账款　　　　　　　　　D.固定资产

9.资产负债表内有关所有者权益项目的排列顺序是（　　）。

A.实收资本、资本公积、未分配利润、盈余公积、其他综合收益

B.实收资本、资本公积、其他综合收益、盈余公积、未分配利润

C.未分配利润、盈余公积、实收资本、资本公积、其他综合收益

D.实收资本、未分配利润、盈余公积、资本公积、其他综合收益

10.某企业"应收账款"明细账余额如下：甲工厂借方余额为1 000元，乙工厂贷方余额为500元，丙工厂借方余额为1 600元。"坏账准备"账户余额为0。根据以上数据计算的反映在资产负债表应收账款项目中的数额为（　　）元。

A.3 100　　　　　　　　　　B.2 100

C.500　　　　　　　　　　　D.2 600

11.下列各项目中，属于资产负债表中的流动资产项目的是（   ）。

A.无形资产 B.工程物资

C.应收账款 D.投资性房地产

12.我国利润表的结构采用（   ）。

A.单步式 B.多步式

C.账户式 D.报告式

13.某企业当月主营业务收入 100 000 元，其他业务收入 10 000 元，主营业务成本 60 000 元，销售费用 10 000 元，管理费用 10 000 元，应交增值税税额 8 000 元。本月利润总额为（   ）元。

A.20 000 B.22 000

C.30 000 D.32 000

14.下列报表中，属于静态报表的有（   ）。

A.利润表 B.资产负债表

C.现金流量表 D.所有者权益变动表

15.下列不应列入利润表中"税金及附加"项目的是（   ）。

A.增值税 B.消费税

C.城市维护建设税 D.印花税

（三）多项选择题

1.会计报表的表首要素包括（   ）。

A.编报企业的名称

B.会计报表名称

C.货币名称和单位

D.资产负债表日或财务报表涵盖的会计期间

E.编制日期

2.下列属于中期财务报表的有（   ）。

A.月度财务报表 B.季度财务报表

C.半年度财务报表 D.年度财务报表

E.年初至本期（不包括 12 月）期末财务报表

3.下列内容，应计入资产负债表中"存货"项目的是（   ）。

A.原材料 B.生产成本

C.制造费用 D.库存商品

E.在途物资

4.资产负债表中的"应付账款"项目应根据（   ）所属明细科目的贷方余额之和填列。

A.应付账款 B.应收账款

C.预付账款 D.预收账款

E.应付票据

5.下列各资产负债表项目中，可根据其总分类账户的期末余额直接填列的有（ ）。

A.应付票据　　　　　　　　B.应付利息

C.应付账款　　　　　　　　D.短期借款

E.应付职工薪酬

6.下列各资产负债表项目中，可根据有关总分类账户的期末余额计算填列的有（ ）。

A.应收账款　　　　　　　　B.货币资金

C.未分配利润　　　　　　　D.存货

E.预收款项

7.资产负债表中不属于非流动资产的项目有（ ）。

A.在建工程　　　　　　　　B.其他应收款

C.无形资产　　　　　　　　D.交易性金融资产

E.周转材料

8.利润表中需要计算填列的项目有（ ）。

A.营业利润　　　　　　　　B.资产减值损失

C.税金及附加　　　　　　　D.利润总额

E.净利润

9.利润表的四个层次是（ ）。

A.主营业务利润　　　　　　B.营业利润

C.利润总额　　　　　　　　D.净利润

E.综合权益总额

10.下列含义相同，只是叫法不同的有（ ）。

A.净利润　　　　　　　　　B.税后利润

C.广义利润　　　　　　　　D.利润总额

E.主营业务利润

11.下列含义相同，只是叫法不同的有（ ）。

A.毛利润　　　　　　　　　B.税后利润

C.狭义利润　　　　　　　　D.利润总额

E.税前利润

12.下列含义相同，只是叫法不同的有（ ）。

A.毛利润　　　　　　　　　B.税后利润

C.主营业务利润　　　　　　D.营业利润

E.狭义利润

13.会计信息质量要求包括（ ）。

A.可靠性、相关性　　　　　B.可理解性、可比性

C.实质重于形式、重要性　　D.谨慎性、及时性

E.可计量性、可预测性

（四）判断题

1.资产负债表是反映企业一定时期的财务状况的会计报表，利润表是体现某一特定日期的经营成果的会计报表。　　　　　　　　　　（　　）

2.目前，我国的资产负债表采用账户式的编制格式。　　　（　　）

3.为了全面反映企业的财务状况，在编制资产负债表时，资产与负债应相互抵消后列示。　　　　　　　　　　　　　　　　　（　　）

4.资产负债表左右两栏的项目都是根据有关总账或明细账的期末余额直接填列的。（　　）

5.资产负债表中的资产类项目一般是按照资产的流动性大小排列的。（　　）

6.资产负债表中"应收账款"项目的期末数应根据"应收账款"账户的余额直接填列。　　　　　　　　　　　　　　　　　　　　（　　）

7.资产负债表中"未分配利润"项目是根据"利润分配"账户的年末贷方余额直接填列的。　　　　　　　　　　　　　　　　　（　　）

8.企业编报的财务报告应当以人民币作为记账本位币，并应标明金额单位。　　　　　　　　　　　　　　　　　　　　　　（　　）

9.现金流量表所指的现金就是企业的库存现金。　　　　　（　　）

10.多步式利润表通常采用左右对照的账户式结构。　　　（　　）

（五）名词解释

1.财务报告目标

2.会计信息的质量要求

（1）可靠性　　　　　　　　　（2）相关性

（3）可理解性　　　　　　　　（4）可比性

（5）实质重于形式　　　　　　（6）重要性

（7）谨慎性　　　　　　　　　（8）及时性

3.财务报告

4.资产负债表

5.利润表

6.现金流量表

7.所有者权益变动表

（六）简答题

1.财务报表的作用是什么？

2.资产负债表的作用是什么？

3.举例说明资产负债表"期末余额"栏的填列方法有哪几种。

4.利润表的作用是什么？

（七）业务题

习题一

目的：练习资产负债表的编制。

资料：海湛股份有限公司20××年12月份有关资料见表7-1和表7-2。

表7-1   **科目余额表**   单位：元

科目名称	借方余额	贷方余额
库存现金	10 000	
银行存款	57 000	
应收票据	60 000	
应收账款	80 000	
预付账款		30 000
（应收账款的）坏账准备		5 000
原材料	170 000	
库存商品	100 000	
固定资产	800 000	
累计折旧		300 000
在建工程	52 000	
无形资产	150 000	
短期借款		65 000
应付账款		70 000
预收账款		10 000
应付职工薪酬		6 000
应交税费		13 000
长期借款		80 000
实收资本		500 000
盈余公积		200 000
未分配利润		200 000
合　计	1 479 000	1 479 000

表7-2   **债权、债务明细科目余额**   单位：元

账户名称	借或贷	总账余额	明细账余额	账户名称	借或贷	总账余额	明细账余额
应收账款	借	80 000		应付账款	贷	70 000	
——A公司	借		100 000	——E公司	贷		100 000
——B公司	贷		20 000	——F公司	借		30 000
预付账款	贷	30 000		预收账款	贷	10 000	
——C公司	借		20 000	——G公司	贷		40 000
——D公司	贷		50 000	——H公司	借		30 000

该公司长期借款共两笔，均为到期一次性还本付息。其金额及归还期限如下：

（1）从工商银行借入 30 000 元（本利和），离到期日还有 6 个月。

（2）从建设银行借入 50 000 元（本利和），离到期日还有 2 年。

要求：编制海湛股份有限公司 20××年 12 月 31 日的资产负债表。

习题二

目的：练习利润表的编制。

资料：海湛股份有限公司 20××年 1—11 月利润表见表 7-3。

表 7-3   **利润表**   会企 02 表

编制单位：海湛股份有限公司   20××年 1—11 月   单位：元

项　目	本期金额	上期金额
一、营业收入	19 500 000	（略）
减：营业成本	16 400 000	
税金及附加	400 000	
销售费用	150 000	
管理费用	180 000	
财务费用	65 000	
资产减值损失		
加：公允价值变动收益（损失以"－"号填列）		
投资净收益（损失以"－"号填列）	220 000	
二、营业利润（亏损以"－"号填列）	2 525 000	
加：营业外收入	65 000	
减：营业外支出	150 000	
其中：非流动资产处置净损失		
三、利润总额	2 440 000	
减：所得税费用	610 000	
四、净利润	1 830 000	
五、其他综合收益的税后净额		
（一）以后不能重分类进损益的其他综合收益		
（二）以后将重分类进损益的其他综合收益		
六、综合收益总额		
七、每股收益：		
（一）基本每股收益		
（二）稀释每股收益		

单位负责人：   财会负责人：   复核：   制表：

海湛股份有限公司20××年12月份损益类账户的发生额见表7-4。

表7-4　　　　海湛股份有限公司20××年12月份损益类账户发生额　　　　单位：元

账户名称	本期发生额	
	借　方	贷　方
主营业务收入		1 728 000
其他业务收入		60 000
营业外收入		7 000
投资收益	20 000	
主营业务成本	1 539 000	
其他业务成本	45 000	
税金及附加	35 000	
销售费用	14 000	
管理费用	16 000	
财务费用	5 000	
营业外支出	14 000	
所得税费用	26 750	

要求：编制海湛股份公司20××年度的利润表（所得税税率25%）。

五、练习题参考答案

（一）填空题

1.财务状况；经营成果　　　　　　2.资产负债表；利润表

3.年度；中期　　　　　　　　　　4.报告式；账户式

5.个别；合并　　　　　　　　　　6.资产；负债

7.流动性大小；要求清偿时间的先后顺序

8.单式式；多步式　　　　　　　　9.营业利润；利润总额

（二）单项选择题

1.C　2.C　3.D　4.A　5.D　6.D　7.B　8.A　9.B　10.D　11.C　12.B　13.C

14.B　15.A

（三）多项选择题

1.ABCD　2.ABCE　3.ABDE　4.AC　5.ABD　6.BCD　7.BDE　8.ADE

9.BCDE　10.ABC　11.DE　12.DE　13.ABCD

（四）判断题

1.×　2.√　3.×　4.×　5.√　6.×　7.×　8.√　9.×　10.×

（五）名词解释

1.财务报告目标是向财务报告使用者提供与企业财务状况，经营成果和现金流量等有关的会计信息，反映企业管理层受托责任履行情况，有助于财务会计报告使用者做出经济决策。。

2.会计信息的质量要求是对企业财务报告中所提供会计信息质量的基本要求，是使财务报告中所提供会计信息对投资者等使用者决策有用应具备的基本特征。它包括可靠性、相关性、可理解性、可比性、实质重于形式、重要性、谨慎性和及时性。

（1）可靠性，也称真实性、客观性，是要求企业应当以实际发生的交易或者事项为依据进行确认、计量和报告，如实反映符合确认和计量要求的各项会计要素及其他相关信息，保证会计信息真实可靠，内容完整。

（2）相关性，也称有用性，是要求企业提供的会计信息应当与财务报告使用者的经济决策需要相关，有助于财务报告使用者对企业过去、现在或者未来的情况做出评估或者预测。

（3）可理解性，也称清晰性，是要求企业提供的会计信息应当清晰明了，便于财务报告使用者理解和使用。

（4）可比性是指要求企业提供的会计信息应当相互可比。

（5）实质重于形式是要求企业应当按照交易或者事项的经济实质进行会计确认、计量和报告，不应仅以交易或者事项的法律形式为依据。

（6）重要性是指在合理预期下，财务报表某项目的省略或错报会影响使用者据此做出经济决策的，该项目具有重要性。

（7）谨慎性是要求企业对交易或者事项进行会计确认、计量和报告应当保持应有的谨慎，不应高估资产或者收益、低估负债或者费用。

（8）及时性是要求企业对已经发生的交易或者事项，应当及时进行会计确认、计量和报告，不得提前或者延后。

3.财务报告是企业对外提供的反映企业某一特定日期的财务状况和某一会计期间的经营成果、现金流量等会计信息的文件。

4.资产负债表是反映企业在某一特定日期的财务状况的会计报表。

5.利润表是反映企业在一定会计期间的经营成果的会计报表。

6.现金流量表是反映企业在一定会计期间的现金和现金等价物流入和流出的会计报表。

7.所有者权益变动表是反映构成所有者权益各组成部分当期增减变动情况的报表。

（六）简答题

1.财务报表的作用是什么？

答：企业通过财务报表对外提供与企业财务状况、经营成果和现金流量等有关的会计信息，可以满足财务报表使用者对企业会计信息的需求。其作用主要有以下几个方面：

（1）为投资者和潜在投资者提供企业管理者对受托责任的履行情况，为其投资决策提供必要的信息资料。

（2）为债权人和潜在债权人提供企业的偿债能力和支付能力的情况，为信贷和赊销决策提供必要的信息资料。

（3）为财政、工商、税务等行政管理部门提供对企业实施监督的各项信息资料。

（4）为企业主管部门提供评价企业经营管理水平的信息资料。

（5）为统计部门提供宏观经济管理的基础信息资料。

（6）为审计机关监督、检查企业财务状况和经营成果提供重要的信息资料。

（7）为企业内部经营管理者进行日常经营管理、预测和决策提供必要的信息资料。

2.资产负债表的作用是什么？

答：资产负债表的作用如下：

（1）可以提供企业在某一特定日期（月末、季末、年末）资产的总额及结构，表明企业拥有或控制的资源及分布情况。

（2）可以提供企业在某一特定日期（月末、季末、年末）的负债总额及结构，表明企业未来需要用多少资产或劳务清偿债务以及清偿时间。

（3）可以反映所有者在某一特定日期（月末、季末、年末）所拥有的权益，据以判断资本保值、增值的情况以及对负债的保障程度。

（4）可以提供进行财务分析的基本资料，表明企业的变现能力、偿债能力和资金周转能力，从而有助于报表使用者做出经济决策。

3.举例说明资产负债表"期末余额"栏的填列方法有哪几种。

答：资产负债表"期末余额"栏内各项数字，一般应根据资产、负债和所有者权益类科目的期末余额填列。填列主要包括以下方式：

（1）根据总账科目的余额直接填列，如"以允公价值变动且其变动计入当期损益的金融资产""短期借款"等项目。

（2）根据总账科目的余额的代数和填列。如"货币资金"项目，需根据"库存现金""银行存款""其他货币资金"三个总账科目的借方余额之和填列。

（3）根据有关明细账科目的余额合计减去有关坏账准备的期末余额填列。如"应付账款"项目，需要根据"应付账款"和"预付账款"两个科目所属的明细科目的期末贷方余额合计填列。

（4）根据总账科目和明细账科目的余额分析计算填列。如"长期借款"项目，需根据"长期借款"总账期末余额扣除"长期借款"科目所属的明细科目中反映的将在资产负债表日起1年内到期且企业不能自主地将清偿义务展期的长期借款后的金额计算填列。

4.利润表的作用是什么？

答：利润表的作用如下：

（1）可以反映企业一定会计期间收入的实现情况，如实现的营业收入、投资收益、营业外收入的数额等。

（2）可以反映企业一定会计期间的费用耗费情况，如耗费的营业成本、税金及附加、销售费用、管理费用、财务费用、营业外支出的数额等。

（3）可以反映企业一定会计期间生产经营活动的成果，即净利润的实现情况，并据以判断资本保值、增值等情况。

（4）将利润表中的信息与资产负债表中的信息相结合，还可以提供进行财务分析的基本资料，从而反映企业资金的周转情况及企业的盈利能力和水平，便于报表使用者判断企业未来的发展趋势，做出经济决策。

（七）业务题

习题一

解：海湛股份有限公司20××年12月31日的资产负债表见表7-5。

表7-5 资产负债表 会企01表

编制单位：海湛股份有限公司　　　　　　20××年12月31日　　　　　　单位：元

资　产	期末余额	年初余额	负债和所有者权益（或股东权益）	期末余额	年初余额
流动资产：			流动负债：		
货币资金	67 000		短期借款	65 000	
以公允价值计量且其变动计入当期损益的金融资产			以公允价值计量且其变动计入当期损益的金融负债		
应收票据	60 000		应付票据		
应收账款	125 000		应付账款	150 000	
预付款项	50 000		预收款项	60 000	
应收利息			应付职工薪酬	6 000	
应收股利			应交税费	13 000	
其他应收款			应付利息		
存货	270 000		应付股利		
			其他应付款		
一年内到期的非流动资产			一年内到期的非流动负债	30 000	
其他流动资产			其他流动负债		
流动资产合计	572 000		流动负债合计	324 000	
非流动资产：			非流动负债：		
可供出售金融资产			长期借款	50 000	
持有至到期投资			应付债券		
长期应收款			长期应付款		
长期股权投资			专项应付款		

资　产	期末余额	年初余额	负债和所有者权益（或股东权益）	期末余额	年初余额
投资性房地产			预计负债		
			递延收益		
固定资产	500 000		递延所得税负债		
在建工程	52 000		其他非流动负债		
工程物资			非流动负债合计	50 000	
固定资产清理			负债合计	374 000	
生产性生物资产			所有者权益（或股东权益）：		
油气资产			实收资本（或股本）	500 000	
无形资产	150 000		资本公积		
开发支出			减:库存股		
			其他综合收益		
商誉			盈余公积	200 000	
长期待摊费用			未分配利润	200 000	
递延所得税资产			所有者权益（或股东权益）合计	900 000	
其他非流动资产					
非流动资产合计	702 000				
资产总计	1 274 000		负债和所有者权益（或股东权益）总计	1 274 000	

单位负责人：　　　财会负责人：　　　复核：　　　制表：

习题二

解：海湛股份有限公司20××年度利润表见表7-6。

表7-6　　　　　　　　　　利润表　　　　　　　　会企02表
编制单位：海湛股份有限公司　　　　　20××年度　　　　　　单位：元

项　目	本期金额	上期金额
一、营业收入	21 288 000	（略）
减：营业成本	17 984 000	
税金及附加	435 000	
销售费用	164 000	
管理费用	196 000	
财务费用	70 000	
资产减值损失		
加：公允价值变动收益（损失以"-"号填列）		

项　目	本期金额	上期金额
投资收益（损失以"-"号填列）	200 000	
二、营业利润（亏损以"-"号填列）	2 639 000	
加：营业外收入	72 000	
其中：非流动资产处置利得		
减：营业外支出	164 000	
其中：非流动资产处置损失		
三、利润总额（亏损以"-"号填列）	2 547 000	
减：所得税费用	636 750	
四、净利润（净亏损以"-"号填列）	1 910 250	
五、其他综合收益的税后净额		
（一）以后不能重分类进损益的其他综合收益		
（二）以后将重分类进损益的其他综合收益		
六、综合收益总额		
七、每股收益：		
（一）基本每股收益		
（二）稀释每股收益		

单位负责人：　　　财会负责人：　　　复核：　　　制表：

会计核算组织程序

第八章

一、本章内容结构

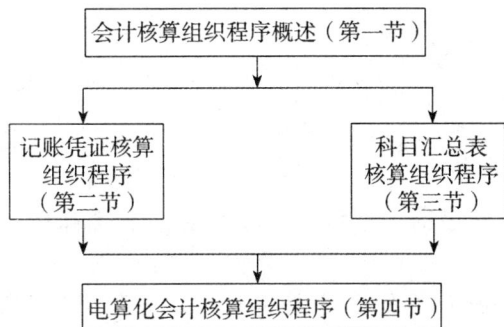

```
        会计核算组织程序概述（第一节）
                    │
        ┌───────────┴───────────┐
        │                       │
   记账凭证核算              科目汇总表
   组织程序                  核算组织程序
   （第二节）                （第三节）
        │                       │
        └───────────┬───────────┘
                    │
        电算化会计核算组织程序（第四节）
```

在会计核算方法中，填制和审核会计凭证、登记账簿、编制财务报告是会计核算工作中的三个主要环节。会计凭证、会计账簿、财务报告之间相互联系，密切配合，并以一定的组织程序结合起来，构成了一个完整的会计核算工作体系——会计核算组织程序。一般说来，根据什么登记总分类账，就称其为什么会计核算组织程序。也就是说，登记总分类账的依据和方法决定了会计核算组织程序的种类（第一节）。

依据记账凭证直接登记总分类账，形成了记账凭证核算组织程序（第二节）；依据科目汇总表登记总分类账，形成了科目汇总表核算组织程序（第三节）。采用记账凭证核算组织程序、科目汇总表核算组织程序、汇总记账凭证核算组织程序、多栏式日记账核算组织程序、普通日记账核算组织程序都可以实现会计电算化，形成了电算化会计核算组织程序（第四节）。

二、本章学习目的与要求

本章阐述了各种会计核算组织程序。目的是让初学者掌握建账、记账、过账、对账、结账和报账六个阶段的相互关系（特别是如何建账，依据什么过账），从而加深对会计核算方法的认识，提高运用这些会计核算方法的能力。要求了解会计核算组织程序的作用和种类，理解由于登记总分类账的依据和方法不同导致了不同的会计核算组织程序，进而找出各种会计核算组织程序的异同点，更好地掌握各种会计核算组织程序的流程。

三、本章重点与难点

（一）重点

1.记账凭证核算组织程序的应用。

2.科目汇总表核算组织程序的应用。

将记账凭证核算组织程序和科目汇总表核算组织程序作为本章重点，是因为记账凭证核算组织程序是最基本的会计核算组织程序，其他会计核算组织程序都是由记账凭证核算组织程序发展、演变而来的。它也是我国小企业普遍采用的会计核算组织程序。而科目汇总表核算组织程序则是大中企业较为普遍采用的会计核算组织程序，是实现会计电算化的企业普遍采用的会计核算组织程序。

（二）难点

科目汇总表的手工编制。

四、练习题

（一）填空题

1.各种核算组织程序的主要区别在于登记总分类账的（　　）和（　　）不同。

2.最基本的会计核算组织程序是（　　）核算组织程序。其特点是根据（　　）直接逐笔登记总分类账。

3.我们可以根据各个单位的（　　）、（　　）不同，选择一种适当的会计核算组织程序。

4.就会计核算方法来说，会计循环主要是通过三个会计核算方法：填制和审核会计凭证、（　　）、（　　）来实现的。

5.科目汇总表核算组织程序，是指根据（　　）定期编制科目汇总表，再根据（　　）登记总分类账的一种会计核算组织程序。

6.科目汇总表是定期对全部（　　）按照相同的（　　）归类，汇总编制的一张记账凭证汇总表。

（二）单项选择题

1.各种会计核算组织程序中，最基本的是（　　）。

A.普通日记账核算组织程序　　　　B.汇总记账凭证核算组织程序

C.记账凭证核算组织程序　　　　　D.科目汇总表核算组织程序

2.各种会计核算组织程序之间的主要区别是（　　）。

A.凭证及账簿设置不同　　　　　　B.记账方法不同

C.记账程序不同　　　　　　　　　D.登记总账的依据和方法不同

3.对科目汇总表核算组织程序，正确说法是（　　）。

A.便于分析经济业务　　　　　　　B.可以看清经济业务的来龙去脉

C.能清楚反映账户对应关系　　　　D.不能反映账户对应关系

4.记账凭证核算组织程序的日记账应采用（　　）账簿。

A.订本式　　　　　　　　　　　　B.活页式

C.卡片式　　　　　　　　　　　　D.以上都可以

5.科目汇总表核算组织程序的总分类账应采用（　　）账簿。

A.两栏式　　　　　　　　　　　　B.三栏式

C.多栏式　　　　　　　　　　　　D.以上都可以

6.科目汇总表汇总的是（　　）。

A.全部科目的借方发生额　　　　　B.全部科目的贷方发生额

C.全部科目的借、贷方余额　　　　D.全部科目的借、贷方发生额

7.各种会计核算组织程序不一定设置的账簿是（　　）。

A.日记账　　　　　　　　　　　　B.备查账

C.总分类账　　　　　　　　　　　D.明细分类账

8.编制科目汇总表直接依据的凭证是（　　）。

A.原始凭证　　　　　　　　　　　B.汇总原始凭证

C.记账凭证　　　　　　　　　　　D.汇总记账凭证

9.科目汇总表核算组织程序必须设置（　　）。

A.非汇总专用记账凭证　　　　　　B.非汇总通用记账凭证

C.分类汇总记账凭证　　　　　　　D.全部汇总记账凭证

10.我国采用电算化会计核算组织程序的企业，其电算化程序一般都采用
（　　）。

A.记账凭证核算组织程序　　　　　B.科目汇总表核算组织程序

C.汇总记账凭证核算组织程序　　　D.多栏式日记账核算组织程序

（三）多项选择题

1.各种会计核算组织程序的账务处理过程都包括（　　）。

A.建账　　　　　　　　　　　　　B.记账、过账

C.对账　　　　　　　　　　　　　D.结账

E.报账

2.各种会计核算组织程序的共同之处有（　　）。

A.都根据审核无误的原始凭证编制非汇总记账凭证

B.都根据非汇总记账凭证及原始凭证登记明细账

C.都根据总分类账、明细分类账编制财务报表

D.都根据非汇总记账凭证登记日记账

E.都根据非汇总记账凭证登记总分类账

3.就会计核算方法来说，会计循环主要是通过（　　）会计核算方法来实现的。

A.填制和审核会计凭证　　　　　　B.登记账簿

C.编制财务报告　　　　　　　　　D.复式记账

E.设置会计科目和账户

4.科目汇总表核算组织程序必须设置（　　）。

A.非汇总记账凭证　　　　　　　　B.汇总记账凭证

C.三栏式总分类账　　　　　　　　D.多栏式总分类账

E.库存现金日记账和银行存款日记账

5.科目汇总表的格式通常包括（　　）。

A.科目汇总表填制日期和编号　　　B.填写会计科目的栏次

C.填写借、贷方金额的栏次　　　　D.所附原始凭证张数

E.经济业务摘要

6.就手工记账而言，适用于记账凭证核算组织程序的企业应该（　　）。

A.规模不大　　　　　　　　　　　B.经济业务数量不多

C.规模很大　　　　　　　　　　　D.经济业务数量较多

E.以上都可以

7.就手工记账而言，科目汇总表核算组织程序的缺点有（　　）。

A.汇总的工作量较繁重　　　　　　B.不便于了解经济业务的来龙去脉

C.不能试算平衡　　　　　　　　　D.账户对应关系不明确

E.不便于检查记账凭证编制的正确性

8.就手工记账而言，科目汇总表核算组织程序的优点有（　　）。

A.减少了登记总账的工作量　　　　B.账户对应关系明确

C.便于检查记账凭证编制的正确性　D.便于了解经济业务的来龙去脉

E.能进行试算平衡

（四）判断题

1.在记账凭证核算组织程序下，总账可以根据记账凭证逐笔登记，也可以定期汇总登记。　　　　　　　　　　　　　　　　　　　　　　　（　　）

2.科目汇总表汇总了全部账户的借、贷方发生额和余额。　　　　（　　）

3.无论哪种会计核算组织程序，在编制会计报表之前都要进行对账工作。
　　　　　　　　　　　　　　　　　　　　　　　　　　　　　（　　）

4.记账凭证核算组织程序是其他核算组织程序的基础。　　　　　（　　）

5.会计核算组织程序不同，登记库存现金日记账、银行存款日记账的依据就不同。　　　　　　　　　　　　　　　　　　　　　　　　　　（　　）

6.编制科目汇总表不仅可以起到试算平衡的作用，还可以反映账户之间的对应关系。　　　　　　　　　　　　　　　　　　　　　　　　　　（　　）

7.记账凭证核算组织程序下，由于总账是根据记账凭证登记的，所以在会计期末不需要对有关账簿的记录进行核对。　　　　　　　　　　　　（　　）

（五）名词解释

1.会计核算组织程序　　　　　　　2.记账凭证核算组织程序

3.科目汇总表核算组织程序

（六）简答题

1.各种会计核算组织程序的主要区别及共同点有哪些？

2.记账凭证核算组织程序有何特点？其优缺点及适用范围是什么？

3.科目汇总表核算组织程序有何特点？其优缺点及适用范围是什么？

4.简述记账凭证核算组织程序的流程。

5.简述科目汇总表核算组织程序的流程。

（七）业务题

习题一

目的：练习并掌握记账凭证核算组织程序。

资料：

1.海湛股份有限公司20××年12月份各总分类账户期初余额见表8-1。

表8-1　　　　　　　　　　**总分类账户期初余额表**　　　　　　单位：元

账户名称	借方余额	账户名称	贷方余额
库存现金	5 100	累计折旧	509 600
银行存款	75 000	短期借款	50 000
应收账款	46 800	应付账款	58 500
其他应收款	1 500	应付职工薪酬	20 000
原材料	54 000	应付利息	1 200
库存商品	20 000	应交税费	22 600
固定资产	3 000 000	实收资本	1 500 000
无形资产	100 000	盈余公积	180 000
		本年利润	850 000
		利润分配	110 500
合　计	3 302 400	合　计	3 302 400

2.部分明细分类账户的月初余额如下：

（1）"应收账款——宝成工厂"：46 800元。

（2）"应付账款——速达工厂"：58 500元。

（3）"原材料——A材料"：1 000千克，单价25元，金额25 000元；"原材料——B材料"500千克，单价18元，金额9 000元；"原材料——C材料"：2 000千克，单价10元，金额20 000元。

（4）"库存商品——甲产品"：100件，单位成本200元，金额20 000元。

3.海湛股份有限公司12月份发生的经济业务如下：

（1）12月1日，生产甲产品领用：A材料800千克，单价25元/千克；B材料1 400千克，单价18元/千克。

（2）12月1日，采购员张平出差，预借差旅费3 000元，用现金支付。

（3）12月2日，收到宝成工厂前欠货款46 800元，存入银行。

（4）12月4日，用银行存款支付产品广告费6 032.30元。

（5）12月5日，从银行提取现金50 000元，备发工资。

（6）12月5日，用现金50 000元发放工资。

（7）12月6日，用现金支付办公用品费400元，其中生产车间180元，管理部门220元。

（8）12月7日，销售给北风工厂甲产品200件，单价500元，增值税17 000元，款项已收存银行。

（9）12月8日，从西华工厂购入A材料500千克，买价14 500元，增值税2 465元，运杂费500元。款项尚未支付，材料已验收入库。

（10）12月10日，从银行取得期限为2年的借款150 000元，存入银行存款户。

（11）12月12日，收到A企业投入的一台全新设备。投资双方评估确认价值50 000元（不考虑增值税）。设备已投入使用。

（12）12月13日，收到B企业投入的专利权。双方协商作价120 000元。

（13）12月13日，收到国家投入资本200 000元，存入银行。

（14）12月15日，从卫国工厂购入B材料300千克，买价5 400元，增值税918元。材料已验收入库，款项尚未支付。

（15）12月16日，用银行存款支付前欠西华工厂的A材料货款17 465元。

（16）12月18日，销售给胜利工厂甲产品300件，单位售价500元，增值税25 500元。款项尚未收到。

（17）12月19日，生产甲产品领用：A材料400千克，单价25元/千克；B材料200千克，单价18元/千克。生产车间一般耗用C材料100千克，单价10元/千克。

（18）12月20日，用银行存款偿还到期的、期限为6个月的借款20 000元。

（19）12月20日，采购员张平出差回来，报销差旅费2 600元，退回余款400元。

（20）12月21日，从银行提取现金1 000元，备作零星开支用。

（21）12月23日，销售给光明工厂A材料200千克，单位售价40元/千克，增值税1 360元。款项已收存银行。

（22）12月25日，用银行存款支付本月水电费30 000元，其中生产车间20 000元，管理部门10 000元。

（23）12月25日，用银行存款向"希望工程"捐款20 000元。

（24）12月27日，收到F公司分来的投资利润30 000元，存入银行存款户。

（25）12月28日，经批准结转确实无法支付的应付速达工厂的账款58 500元。

（26）12月30日，管理部门领用C材料100千克，单价10元。

（27）12月31日，计提本月应负担的短期借款利息600元。

（28）12月31日，用银行存款支付第四季度短期借款利息1 800元。

（29）12月31日，结算本月应付职工工资50 000元，其中生产甲产品工人工资

30 000元，车间管理人员工资8 000元，企业管理人员工资12 000元。

（30）12月31日，计提本月固定资产折旧21 020元，其中生产车间16 020元，管理部门5 000元。

（31）12月31日，将本月发生的制造费用转入生产成本。

（32）12月31日，本月生产的600件甲产品全部完工入库。结转生产成本。

（33）12月31日，结转本月销售500件甲产品的生产成本（本月甲产品的加权平均单位生产成本为220元）。

（34）12月31日，分别按7%和3%的税率计算应缴纳的城市维护建设税和教育费附加（应交城市维护建设税＝本月应交增值税×7%，应交教育费附加＝本月应交增值税×3%，其中，本月应交增值税＝销项税额－进项税额）。

（35）12月31日，结转本月销售A材料200千克的成本5 000元。

（36）12月31日，将本月损益类账户的余额转入"本年利润"账户。

（37）12月31日，按本月实现的利润总额的25%计算并结转应交所得税。

（38）12月31日，结转全年实现的净利润。

（39）12月31日，按全年净利润的10%提取盈余公积，按全年净利润的5%向投资者分配现金股利，股利尚未支付。

（40）12月31日，结转利润分配的相关明细分类账户。

要求：

1.根据经济业务填制收款凭证、付款凭证和转账凭证（用会计分录代替。在每笔分录前写上凭证编号。凭证采用五类编号法编号）。

2.根据记账凭证逐笔登记总分类账（期初余额见表8-1，用T形账户代替总分类账）。

3.编制总分类账户本期发生额及余额试算平衡表。

习题二

目的：练习并掌握科目汇总表核算组织程序。

资料：习题一的资料。

要求：根据习题一编制的记账凭证编制科目汇总表（全月一次汇总）。

五、练习题参考答案

（一）填空题

1.依据；方法　　　　　　　2.记账凭证；每张记账凭证

3.业务性质；经营规模　　　4.登记账簿；编制财务报告

5.非汇总记账凭证；科目汇总表　　6.记账凭证；会计科目

（二）单项选择题

1.C　2.D　3.D　4.A　5.B　6.D　7.B　8.C　9.D　10.B

（三）多项选择题

1.ABCDE　2.ABCD　3.ABC　4.ABCE　5.ABC　6.AB　7.ABD　8.ACE

（四）判断题

1.× 2.× 3.√ 4.√ 5.× 6.× 7.×

（五）名词解释

1.会计核算组织程序又称账务处理程序或会计核算形式。它是指在会计循环中，企业所采用的会计凭证、会计账簿、会计报表的种类和格式，登记账簿的方法和会计循环程序。

2.记账凭证核算组织程序是对发生的每一笔交易或者事项，都要根据原始凭证填制记账凭证，再直接根据记账凭证登记总分类账的一种会计核算组织程序。记账凭证核算组织程序是最基本的会计核算组织程序。

3.科目汇总表核算组织程序又称记账凭证汇总表核算组织程序，是指根据记账凭证定期编制科目汇总表，再根据科目汇总表登记总分类账的一种会计核算组织程序。

（六）简答题

1.各种会计核算组织程序的主要区别及共同点有哪些？

答：各种会计核算组织程序的主要区别及共同点如下：

主要区别：登记总分类账的依据和方法不同。一般说来，根据什么登记总分类账，就称其为什么会计核算组织程序。也就是说，登记总分类账的依据和方法决定了会计核算组织程序的种类。

共同点：①都是根据审核无误的原始凭证填制记账凭证。②都是根据原始凭证、记账凭证登记明细分类账；根据记账凭证登记日记账。③都是根据总分类账和明细分类账编制会计报表，且无论哪种会计核算组织程序编制出来的会计报表都相同。

2.记账凭证核算组织程序有何特点？其优缺点及适用范围是什么？

答：记账凭证核算组织程序的特点是：根据每张记账凭证直接逐笔登记总分类账。记账凭证核算组织程序下，登记总账的依据是记账凭证。

记账凭证核算组织程序的优点是手续简单，可简化分工。但总账的登记必须根据凭证逐张录入。如果业务多，又是手工记账，工作量较大的缺点就凸显出来了。

记账凭证核算组织程序适用于规模不大、经济业务数量不多的会计主体，如机构较小、财务人员较少的企业等。如果企业已实行电算化处理，则可不考虑工作量大小的问题。

3.科目汇总表核算组织程序有何特点？其优缺点及适用范围是什么？

答：科目汇总表核算组织程序的主要特点是：定期把一定会计期间内所有的记账凭证按科目汇总，编制包括所有科目的汇总表，再据此登记总分类账。因此，在科目汇总表核算组织程序下，总账是根据科目汇总表定期登记的，而不是根据记账凭证逐笔登记的。

科目汇总表核算组织程序具有以下优点：①根据科目汇总表登记总账，可以简化登记总账的工作量。②科目汇总表能起到试算平衡的作用，有利于检查记账凭证编制的正确性。登记完总分类账后，还可以根据总分类账的发生额试算平衡结果，印证过账的正确性。

科目汇总表核算组织程序的缺点是：①编制科目汇总表时，汇总的工作量也较繁重。②账户对应关系不明确，不便于了解经济业务的来龙去脉。

科目汇总表核算组织程序适用于规模较大、每日发生经济业务较多的企业。

4.简述记账凭证核算组织程序的流程。

答：记账凭证核算组织程序的流程如下：

（1）根据原始凭证填制记账凭证；

（2）根据收款凭证和付款凭证逐笔登记库存现金日记账和银行存款日记账；

（3）根据原始凭证、记账凭证逐笔登记明细分类账；

（4）根据记账凭证逐笔登记总分类账；

（5）库存现金日记账、银行存款日记账、明细分类账分别与总分类账进行核对；

（6）根据总分类账和明细分类账编制财务报表。

5.简述科目汇总表核算组织程序的流程。

答：科目汇总表核算组织程序的流程如下：

（1）根据原始凭证填制记账凭证；

（2）根据收款凭证和付款凭证逐笔登记库存现金日记账和银行存款日记账；

（3）根据原始凭证、记账凭证逐笔登记明细分类账；

（4）根据记账凭证定期编制科目汇总表；

（5）根据科目汇总表定期登记总分类账；

（6）库存现金日记账和银行存款日记账以及明细分类账分别与其对应的总分类账进行核对；

（7）期末根据总分类账和明细分类账编制财务报表。

（七）业务题

习题一

1.解：根据经济业务填制的收款凭证、付款凭证和转账凭证如下：

（1）该项经济业务应填制转账凭证。凭证编号为"转1"。会计分录如下：

借：生产成本——甲产品　　　　　　　　　　　　　　　　　45 200

　贷：原材料——A材料　　　　　　　　　　　　　　　　　20 000

　　　　　——B材料　　　　　　　　　　　　　　　　　25 200

（2）该项经济业务应填制付款凭证。凭证编号为"现付1"。会计分录如下：

借：其他应收款——张平　　　　　　　　　　　　　　　　　3 000

　贷：库存现金　　　　　　　　　　　　　　　　　　　　　3 000

（3）该项经济业务应填制收款凭证。凭证编号为"银收1"。会计分录如下：

借：银行存款　　　　　　　　　　　　　　　　　　　　　　46 800

　贷：应收账款——宝成工厂　　　　　　　　　　　　　　　46 800

（4）该项经济业务应填制付款凭证。凭证编号为"银付1"。会计分录如下：

辅导与练习

借：销售费用　　　　　　　　　　　　　　　　　　　　6 032.30
　　贷：银行存款　　　　　　　　　　　　　　　　　　　　　　　6 032.30

（5）该项经济业务应填制付款凭证。凭证编号为"银付2"。会计分录如下：

借：库存现金　　　　　　　　　　　　　　　　　　　　50 000
　　贷：银行存款　　　　　　　　　　　　　　　　　　　　　　　50 000

（6）该项经济业务应填制付款凭证。凭证编号为"现付2"。会计分录如下：

借：应付职工薪酬——工资　　　　　　　　　　　　　　50 000
　　贷：库存现金　　　　　　　　　　　　　　　　　　　　　　　50 000

（7）该项经济业务应填制付款凭证。凭证编号为"现付3"。会计分录如下：

借：制造费用　　　　　　　　　　　　　　　　　　　　　180
　　管理费用　　　　　　　　　　　　　　　　　　　　　　220
　　贷：库存现金　　　　　　　　　　　　　　　　　　　　　　　　400

（8）该项经济业务应填制收款凭证。凭证编号为"银收2"。会计分录如下：

借：银行存款　　　　　　　　　　　　　　　　　　　117 000
　　贷：主营业务收入　　　　　　　　　　　　　　　　　　　100 000
　　　　应交税费——应交增值税（销项税额）　　　　　　　17 000

（9）该项经济业务应填制转账凭证。凭证编号为"转2"。会计分录如下：

借：原材料——A材料　　　　　　　　　　　　　　　　15 000
　　应交税费——应交增值税（进项税额）　　　　　　　　2 465
　　贷：应付账款——西华工厂　　　　　　　　　　　　　　　17 465

（10）该项经济业务应填制收款凭证。凭证编号为"银收3"。会计分录如下：

借：银行存款　　　　　　　　　　　　　　　　　　　150 000
　　贷：长期借款　　　　　　　　　　　　　　　　　　　　　150 000

（11）该项经济业务应填制转账凭证。凭证编号为"转3"。会计分录如下：

借：固定资产　　　　　　　　　　　　　　　　　　　　50 000
　　贷：实收资本　　　　　　　　　　　　　　　　　　　　　　50 000

（12）该项经济业务应填制转账凭证。凭证编号为"转4"。会计分录如下：

借：无形资产　　　　　　　　　　　　　　　　　　　120 000
　　贷：实收资本　　　　　　　　　　　　　　　　　　　　　120 000

（13）该项经济业务应填制收款凭证。凭证编号为"银收4"。会计分录如下：

借：银行存款　　　　　　　　　　　　　　　　　　　200 000
　　贷：实收资本　　　　　　　　　　　　　　　　　　　　　200 000

（14）该项经济业务应填制转账凭证。凭证编号为"转5"。会计分录如下：

借：原材料——B材料　　　　　　　　　　　　　　　　5 400
　　应交税费——应交增值税（进项税额）　　　　　　　　918
　　贷：应付账款——卫国工厂　　　　　　　　　　　　　　　6 318

（15）该项经济业务应填制付款凭证。凭证编号为"银付3"。会计分录如下：

借：应付账款——西华工厂 17 465
　　贷：银行存款 17 465

（16）该项经济业务应填制转账凭证。凭证编号为"转6"。会计分录如下：

借：应收账款——胜利工厂 175 500
　　贷：主营业务收入 150 000
　　　　应交税费——应交增值税（销项税额） 25 500

（17）该项经济业务应填制转账凭证。凭证编号为"转7"。会计分录如下：

借：生产成本——甲产品 13 600
　　制造费用 1 000
　　贷：原材料——A材料 10 000
　　　　　　——B材料 3 600
　　　　　　——C材料 1 000

（18）该项经济业务应填制付款凭证。凭证编号为"银付4"。会计分录如下：

借：短期借款 20 000
　　贷：银行存款 20 000

（19）该项经济业务应填制转账凭证。凭证编号为"转8"。会计分录如下：

借：管理费用 2 600
　　贷：其他应收款——张平 2 600

该项经济业务还应填制收款凭证。凭证编号为"现收1"。会计分录如下：

借：库存现金 400
　　贷：其他应收款——张平 400

（20）该项经济业务应填制付款凭证。凭证编号为"银付5"。会计分录如下：

借：库存现金 1 000
　　贷：银行存款 1 000

（21）该项经济业务应填制收款凭证。凭证编号为"银收5"。会计分录如下：

借：银行存款 9 360
　　贷：其他业务收入 8 000
　　　　应交税费——应交增值税（销项税额） 1 360

（22）该项经济业务应填制付款凭证。凭证编号为"银付6"。会计分录如下：

借：制造费用 20 000
　　管理费用 10 000
　　贷：银行存款 30 000

（23）该项经济业务应填制付款凭证。凭证编号为"银付7"。会计分录如下：

借：营业外支出 20 000
　　贷：银行存款 20 000

（24）该项经济业务应填制收款凭证。凭证编号为"银收6"。会计分录如下：

借：银行存款 30 000

　　　贷：投资收益　　　　　　　　　　　　　　　　　　30 000
　（25）该项经济业务应填制转账凭证。凭证编号为"转9"。会计分录如下：
　　借：应付账款——速达工厂　　　　　　　　　　　　58 500
　　　贷：营业外收入　　　　　　　　　　　　　　　　　58 500
　（26）该项经济业务应填制转账凭证。凭证编号为"转10"。会计分录如下：
　　借：管理费用　　　　　　　　　　　　　　　　　　　1 000
　　　贷：原材料——C材料　　　　　　　　　　　　　　　1 000
　（27）该项经济业务应填制转账凭证。凭证编号为"转11"。会计分录如下：
　　借：财务费用　　　　　　　　　　　　　　　　　　　　600
　　　贷：应付利息　　　　　　　　　　　　　　　　　　　600
　（28）该项经济业务应填制付款凭证。凭证编号为"银付8"。会计分录如下：
　　借：应付利息　　　　　　　　　　　　　　　　　　　1 800
　　　贷：银行存款　　　　　　　　　　　　　　　　　　1 800
　（29）该项经济业务应填制转账凭证。凭证编号为"转12"。会计分录如下：
　　借：生产成本——甲产品　　　　　　　　　　　　　30 000
　　　　制造费用　　　　　　　　　　　　　　　　　　　8 000
　　　　管理费用　　　　　　　　　　　　　　　　　　12 000
　　　贷：应付职工薪酬——工资　　　　　　　　　　　　50 000
　（30）该项经济业务应填制转账凭证。凭证编号为"转13"。会计分录如下：
　　借：制造费用　　　　　　　　　　　　　　　　　　16 020
　　　　管理费用　　　　　　　　　　　　　　　　　　　5 000
　　　贷：累计折旧　　　　　　　　　　　　　　　　　　21 020
　（31）该项经济业务应填制转账凭证。凭证编号为"转14"。会计分录如下：
　　借：生产成本——甲产品　　　　　　　　　　　　　45 200
　　　贷：制造费用　　　　　　　　　　　　　　　　　　45 200
　（32）该项经济业务应填制转账凭证。凭证编号为"转15"。会计分录如下：
　　借：库存商品——甲产品　　　　　　　　　　　　　134 000
　　　贷：生产成本——甲产品　　　　　　　　　　　　134 000
　（33）该项经济业务应填制转账凭证。凭证编号为"转16"。会计分录如下：
　　借：主营业务成本　　　　　　　　　　　　　　　　110 000
　　　贷：库存商品——甲产品　　　　　　　　　　　　110 000
　（34）本月应交增值税=销项税额–进项税额
　　　　　　　　　　=（17 000+25 500+1 360）–（2 465+918）
　　　　　　　　　　=40 477（元）
　本月应交城市维护建设税=本月应交增值税×7%
　　　　　　　　　　　=40 477×7%
　　　　　　　　　　　=2 833.39（元）

本月应交教育费附加=本月应交增值税×3%

=40 477×3%

=1 214.31（元）

该项经济业务应填制转账凭证。凭证编号为"转17"。会计分录如下：

借：税金及附加	4 047.70	
贷：应交税费——应交城市维护建设税		2 833.39
——应交教育费附加		1 214.31

（35）该项经济业务应填制转账凭证。凭证编号为"转18"。会计分录如下：

借：其他业务成本	5 000
贷：原材料——A材料	5 000

（36）结转费用类账户的经济业务应填制转账凭证。凭证编号为"转19"。会计分录如下：

借：本年利润	176 500
贷：主营业务成本	110 000
其他业务成本	5 000
销售费用	6 032.30
管理费用	30 820
财务费用	600
营业外支出	20 000
税金及附加	4 047.70

结转收入类账户的经济业务应填制转账凭证。凭证编号为"转20"。会计分录如下：

借：主营业务收入	250 000
其他业务收入	8 000
营业外收入	58 500
投资收益	30 000
贷：本年利润	346 500

（37）本月利润总额=346 500−176 500=170 000（元）

本月应交所得税=170 000×25%=42 500（元）

计算所得税费用的经济业务应填制转账凭证。凭证编号为"转21"。会计分录如下：

借：所得税费用	42 500
贷：应交税费——应交所得税	42 500

结转所得税费用的经济业务应填制转账凭证。凭证编号为"转22"。会计分录如下：

借：本年利润	42 500
贷：所得税费用	42 500

（38）全年净利润=前11个月的净利润+12月份净利润

     =850 000+（170 000-42 500）

     =977 500（元）

该项经济业务应填制转账凭证。凭证编号为"转23"。会计分录如下：

借：本年利润   977 500

  贷：利润分配——未分配利润   977 500

（39）该项经济业务应填制转账凭证。凭证编号为"转24"。会计分录如下：

借：利润分配——提取法定盈余公积   97 750

     ——应付股利   48 875

  贷：盈余公积   97 750

    应付股利   48 875

（40）该项经济业务应填制转账凭证。凭证编号为"转25"。会计分录如下：

借：利润分配——未分配利润   146 625

  贷：利润分配——提取法定盈余公积   97 750

      ——应付股利   48 875

2.根据记账凭证逐笔登记的总分类账如下：

借方	库存现金			贷方
期初余额：	5 100.00			
（5）银付2	50 000.00	（2）现付1		3 000.00
（19）现收1	400.00	（6）现付2		50 000.00
（20）银付5	1 000.00	（7）现付3		400.00
本期发生额：	51 400.00	本期发生额：		53 400.00
期末余额：	3 100.00			

借方	银行存款			贷方
期初余额：	75 000.00			
（3）银收1	46 800.00	（4）银付1		6 032.30
（8）银收2	117 000.00	（5）银付2		50 000.00
（10）银收3	150 000.00	（15）银付3		17 465.00
（13）银收4	200 000.00	（18）银付4		20 000.00
（21）银收5	9 360.00	（20）银付5		1 000.00
（24）银收6	30 000.00	（22）银付6		30 000.00
		（23）银付7		20 000.00
		（28）银付8		1 800.00
本期发生额：	553 160.00	本期发生额：		146 297.30
期末余额：	481 862.70			

借方		应收账款			贷方
期初余额:		46 800.00			
	（16）转6	175 500.00		（3）银收1	46 800.00
本期发生额:		175 500.00	本期发生额:		46 800.00
期末余额:		175 500.00			

借方		其他应收款			贷方
期初余额:		1 500.00		（19）转8	2 600.00
	（2）现付1	3 000.00		（19）现收1	400.00
本期发生额:		3 000.00	本期发生额:		3 000.00
期末余额:		1 500.00			

借方		原材料			贷方
期初余额:		54 000.00		（1）转1	45 200.00
	（9）转2	15 000.00		（17）转7	14 600.00
	（14）转5	5 400.00		（26）转10	1 000.00
				（35）转18	5 000.00
本期发生额:		20 400.00	本期发生额:		65 800.00
期末余额:		8 600.00			

借方		库存商品			贷方
期初余额:		20 000.00			
	（32）转15	134 000.00		（33）转16	110 000.00
本期发生额:		134 000.00	本期发生额:		110 000.00
期末余额:		44 000.00			

借方		生产成本			贷方
	（1）转1	45 200.00			
	（17）转7	13 600.00			
	（29）转12	30 000.00			
	（31）转14	45 200.00		（32）转15	134 000.00
本期发生额:		134 000.00	本期发生额:		134 000.00

借方		制造费用			贷方
	（7）现付3	180.00			
	（17）转7	1 000.00			
	（22）银付6	20 000.00			
	（29）转12	8 000.00			
	（30）转13	16 020.00		（31）转14	45 200.00
本期发生额:		45 200.00	本期发生额:		45 200.00

借方	固定资产		贷方
期初余额: 3 000 000.00			
（11）转3 50 000.00			
本期发生额: 50 000.00		本期发生额:	0
期末余额: 3 050 000.00			

借方	累计折旧		贷方
		期初余额:	509 600.00
		（30）转13	21 020.00
本期发生额: 0		本期发生额:	21 020.00
		期末余额:	530 620.00

借方	无形资产		贷方
期初余额: 100 000.00			
（12）转4 120 000.00			
本期发生额: 120 000.00		本期发生额:	0
期末余额: 220 000.00			

借方	短期借款		贷方
		期初余额:	50 000.00
（18）银付4 20 000.00			
本期发生额: 20 000.00		本期发生额:	0
		期末余额:	30 000.00

借方	应付账款		贷方
		期初余额:	58 500.00
（15）银付3 17 465.00		（9）转2	17 465.00
（25）转9 58 500.00		（14）转5	6 318.00
本期发生额: 75 965.00		本期发生额:	23 783.00
		期末余额:	6 318.00

借方	应付职工薪酬		贷方
		期初余额:	20 000.00
（6）现付2 50 000.00		（29）转12	50 000.00
本期发生额: 50 000.00		本期发生额:	50 000.00
		期末余额:	20 000.00

借方		应交税费			贷方
			期初余额：		22 600.00
			（8） 银收2		17 000.00
（9） 转2	2 465.00		（16） 转6		25 500.00
（14） 转5	918.00		（21） 银收5		1 360.00
			（34） 转17		4 047.70
			（37） 转21		42 500.00
本期发生额：	3 383.00		本期发生额：		90 407.70
			期末余额：		109 624.70

借方		应付利息			贷方
			期初余额：		1 200.00
（28） 银付8	1 800.00		（27） 转11		600.00
本期发生额：	1 800.00		本期发生额：		600.00

借方	应付股利			贷方
			（39） 转24	48 875.00
		本期发生额：		48 875.00
本期发生额：	0	期末余额：		48 875.00

借方	长期借款			贷方
			（10） 银收3	150 000.00
本期发生额：	0	本期发生额：		150 000.00
		期末余额：		150 000.00

借方	实收资本			贷方
			期初余额：	1 500 000.00
			（11） 转3	50 000.00
			（12） 转4	120 000.00
			（13） 银收4	200 000.00
本期发生额：	0	本期发生额：		370 000.00
		期末余额：		1 870 000.00

借方	盈余公积			贷方
			期初余额：	180 000.00
			（39） 转24	97 750.00
本期发生额：	0	本期发生额：		97 750.00
		期末余额：		277 750.00

借方	本年利润		贷方
		期初余额：	850 000.00
（36）转19	176 500.00		
（37）转22	42 500.00		
（38）转23	977 500.00	（36）转20	346 500.00
本期发生额：	1 196 500.00	本期发生额：	346 500.00

借方	利润分配		贷方
		期初余额：	110 500.00
（39）转24	146 625.00	（38）转23	977 500.00
（40）转25	146 625.00	（40）转25	146 625.00
本期发生额：	293 250.00	本期发生额：	1 124 125.00
		期末余额：	941 375.00

借方	主营业务收入		贷方
		（8）银收2	100 000.00
（36）转20	250 000.00	（16）转6	150 000.00
本期发生额：	250 000.00	本期发生额：	250 000.00

借方	其他业务收入		贷方
（36）转20	8 000.00	（21）银收4	8 000.00
本期发生额：	8 000.00	本期发生额：	8 000.00

借方	投资收益		贷方
（36）转20	30 000.00	（24）银收6	30 000.00
本期发生额：	30 000.00	本期发生额：	30 000.00

借方	营业外收入		贷方
（36）转20	58 500.00	（25）转9	58 500.00
本期发生额：	58 500.00	本期发生额：	58 500.00

借方	主营业务成本		贷方
（33）转16	110 000.00	（36）转19	110 000.00
本期发生额：	110 000.00	本期发生额：	110 000.00

借方	其他业务成本		贷方
（35）转18	5 000.00	（36）转19	5 000.00
本期发生额：	5 000.00	本期发生额：	5 000.00

借方	税金及附加		贷方
（34）转17	4 047.70	（36）转19	4 047.70
本期发生额：	4 047.70	本期发生额：	4 047.70

借方	销售费用	贷方
（4）银付1 6 032.30		（36）转19 6 032.30
本期发生额： 6 032.30	本期发生额：	6 032.30

借方	管理费用	贷方
（7）现付3 220.00		
（19）转8 2 600.00		
（22）银付6 10 000.00		
（26）转10 1 000.00		
（29）转12 12 000.00		
（30）转13 5 000.00	（36）转19 30 820.00	
本期发生额： 30 820.00	本期发生额：	30 820.00

借方	财务费用	贷方
（27）转11 600.00		（36）转19 600.00
本期发生额： 600.00	本期发生额：	600.00

借方	营业外支出	贷方
（23）银付7 20 000.00		（36）转19 20 000.00
本期发生额： 20 000.00	本期发生额：	20 000.00

借方	所得税费用	贷方
（37）转21 42 500.00		（37）转22 42 500.00
本期发生额： 42 500.00	本期发生额：	42 500.00

3.编制的试算平衡表见表8-2。

表8-2　　　　　总分类账户本期发生额及余额试算平衡表　　　　　单位：元

会计科目	期初余额		本期发生额		期末余额	
	借　方	贷　方	借　方	贷　方	借　方	贷　方
库存现金	5 100.00		51 400.00	53 400.00	3 100.00	
银行存款	75 000.00		553 160.00	146 297.30	481 862.70	
应收账款	46 800.00		175 500.00	46 800.00	175 500.00	
其他应收款	1 500.00		3 000.00	3 000.00	1 500.00	
原材料	54 000.00		20 400.00	65 800.00	8 600.00	
库存商品	20 000.00		134 000.00	110 000.00	44 000.00	
生产成本			134 000.00	134 000.00		
制造费用			45 200.00	45 200.00		
固定资产	3 000 000.00		50 000.00		3 050 000.00	
累计折旧		509 600.00		21 020.00		530 620.00
无形资产	100 000.00		120 000.00		220 000.00	

续表

会计科目	期初余额		本期发生额		期末余额	
	借 方	贷 方	借 方	贷 方	借 方	贷 方
短期借款		50 000.00	20 000.00			30 000.00
应付账款		58 500.00	75 965.00	23 783.00		6 318.00
应付职工薪酬		20 000.00	50 000.00	50 000.00		20 000.00
应交税费		22 600.00	3 383.00	90 407.70		109 624.70
应付利息		1 200.00	1 800.00	600.00		
应付股利				48 875.00		48 875.00
长期借款				150 000.00		150 000.00
实收资本		1 500 000.00		370 000.00		1 870 000.00
盈余公积		180 000.00		97 750.00		277 750.00
本年利润		850 000.00	1 196 500.00	346 500.00		
利润分配		110 500.00	293 250.00	1 124 125.00		941 375.00
主营业务收入			250 000.00	250 000.00		
其他业务收入			8 000.00	8 000.00		
投资收益			30 000.00	30 000.00		
营业外收入			58 500.00	58 500.00		
主营业务成本			110 000.00	110 000.00		
其他业务成本			5 000.00	5 000.00		
税金及附加			4 047.70	4 047.70		
销售费用			6 032.30	6 032.30		
管理费用			30 820.00	30 820.00		
财务费用			600.00	600.00		
营业外支出			20 000.00	20 000.00		
所得税费用			42 500.00	42 500.00		
合计	3 302 400.00	3 302 400.00	3 493 058.00	3 493 058.00	3 984 562.70	3 984 562.70

习题二

解：编制的科目汇总表见表8-3。

表8-3 科目汇总表 汇12号

20××年12月 单位：元

会计科目	本期发生额	
	借 方	贷 方
库存现金	51 400.00	53 400.00
银行存款	553 160.00	146 297.30
应收账款	175 500.00	46 800.00
其他应收款	3 000.00	3 000.00
原材料	20 400.00	65 800.00
库存商品	134 000.00	110 000.00
生产成本	134 000.00	134 000.00
制造费用	45 200.00	45 200.00
固定资产	50 000.00	
累计折旧		21 020.00
无形资产	120 000.00	
短期借款	20 000.00	
应付账款	75 965.00	23 783.00
应付职工薪酬	50 000.00	50 000.00
应交税费	3 383.00	90 407.70
应付利息	1 800.00	600.00
应付股利		48 875.00
长期借款		150 000.00
实收资本		370 000.00
盈余公积		97 750.00
本年利润	1 196 500.00	346 500.00
利润分配	293 250.00	1 124 125.00
主营业务收入	250 000.00	250 000.00
其他业务收入	8 000.00	8 000.00
投资收益	30 000.00	30 000.00
营业外收入	58 500.00	58 500.00
主营业务成本	110 000.00	110 000.00
其他业务成本	5 000.00	5 000.00
税金及附加	4 047.70	4 047.70
销售费用	6 032.30	6 032.30
管理费用	30 820.00	30 820.00
财务费用	600.00	600.00
营业外支出	20 000.00	20 000.00
所得税费用	42 500.00	42 500.00
合计	3 493 058.00	3 493 058.00

会计工作组织

第九章

一、本章内容结构

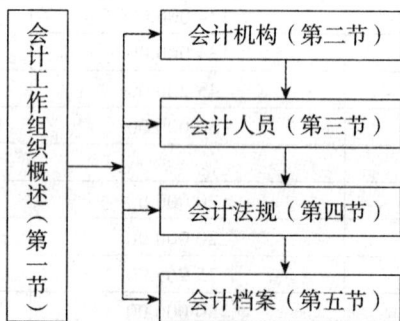

```
会计工作组织概述（第一节） ─→ 会计机构（第二节）
                          ─→ 会计人员（第三节）
                          ─→ 会计法规（第四节）
                          ─→ 会计档案（第五节）
```

　　为了保证会计核算工作高效、有序地进行，必须对会计工作进行科学组织。这就要求掌握什么是会计工作组织，应依据什么原则组织会计工作（第一节）。根据会计工作组织的内容设置会计机构，再根据需要设置会计工作岗位（第二节）。有了会计工作岗位，就要配备会计人员（第三节）。有了会计人员，在会计工作中，就要执行会计法规，才能满足会计信息质量要求（第四节）。会计工作所产生的会计凭证、会计账簿、财务报告等会计核算专业资料是记录和反映企业经济业务的重要史料和证据。它们最终形成会计档案（第五节）。

二、本章学习目的与要求

　　本章在前面会计基本理论和会计核算方法的基础上，阐述了会计机构、会计人员、会计法规和会计档案四部分内容。目的是使初学者熟悉在实际工作中科学地进行会计工作组织的方法，了解会计工作组织是提高会计管理水平的重要保证，认识会计机构的设置，会计人员的配备，专业技术职务，职责和权限，职业道德，会计法规的层次、内容，会计档案的内容、保管。这些是会计人员的基本常识，也是做好会计工作的基本保证。要求初学者在认识会计工作重要性的基础上，清楚各级主管部门、基层单位应设置哪些会计机构，熟记会计人员的专业技术职务和专业技术资格，明确会计人员的职责和权限，注重会计职业道德的培养和会计人员的继续教育，掌握会计法规的层次，了解会计档案的内容和会计档案的保管。

三、本章重点与难点

（一）重点

1.会计人员的专业技术职务和专业技术资格。

2.会计人员的职责和权限、会计职业道德的内容。

3.会计法规的层次、《中华人民共和国会计法》和《企业会计准则——基本准则》的内容。

将上述内容作为本章的重点是因为要做一名称职的会计人员就必须了解会计人员的专业技术职务和专业技术资格，熟悉会计人员的职责和权限、会计职业道德的内容，并依据会计法规进行会计工作。

（二）难点

分清会计法规的层次及每个层次中主要的会计法规。

四、练习题

（一）填空题

1.会计工作组织，就是根据会计工作的特点，设置（　　），配备（　　），制定、执行会计法规，保管会计档案，以保证合理、有效地进行会计工作。

2.会计工作组织的原则包括统一性原则、（　　）、（　　）、内部控制原则、责任制原则。

3.广义上讲，我国的会计机构可分为（　　）机构、（　　）机构和会计中介服务机构。

4.会计工作的组织方式有（　　）的核算组织方式、（　　）的核算组织方式和报账单位的核算组织方式三种。

5.独立核算机构的会计工作组织方式，一般分为（　　）组织方式和（　　）组织方式两种。

6.出纳人员不得兼任（　　）、（　　）和收入、支出、费用、债权债务账目的登记工作。

7.注册会计师是指由会计师事务所统一接受委托，依法独立执行（　　）、会计咨询业务和会计（　　）的人员。

8.担任单位会计机构负责人（会计主管人员）的，除取得（　　）外，还应当具备（　　）以上专业技术职务资格或者从事会计工作三年以上经历。

9.根据《会计专业职务试行条例》第三条的规定，会计专业技术职务分为：高级会计师、（　　）、（　　）、会计员。

10.会计人员的专业技术资格分为（　　）、（　　）和高级资格三个级别。

11.会计人员的职责可以归纳为：（　　）、（　　）、参与会计管理。

12.我国会计法规体系由（　　）、（　　），会计部门规章和地方性会计法规、规章四个层次组成。

13.中国企业会计准则体系，由（　　）、（　　）和《企业会计准则——应用指南》三个部分构成。

14.会计档案是指各单位在进行（　　）等过程中接收或形成的，记录和反映单位（　　）的，具有保存价值的文字、图表等各种形式的会计资料，包括通过计算机等电子设备形成、传输和贮存的电子会计档案。

15.会计档案的保管期限分为（　　）、（　　）两类。

（二）单项选择题

1.《中华人民共和国会计法》明确规定，管理全国会计工作的部门是（　　）。

A.国务院　　　　　　　　　B.财政部

C.全国人大　　　　　　　　D.注册会计师协会

2.《中华人民共和国会计法》第三十八条规定：从事会计工作的人员，必须取得（　　）。

A.会计从业资格证书　　　　B.会计专业本科毕业证书

C.会计专业技术职务证书　　D.会计专业专科毕业证书

3.下列不属于会计人员专业技术职务的是（　　）。

A.高级会计师　　　　　　　B.总会计师

C.会计师　　　　　　　　　D.助理会计师

4.由会计师事务所统一接受委托，依法独立执行审计业务、会计咨询业务和会计服务业务的人员是（　　）。

A.会计师　　　　　　　　　B.总会计师

C.注册会计师　　　　　　　D.助理会计师

5.下列会计人员的专业技术资格，实行考试与评审相结合的是（　　）。

A.会计员　　　　　　　　　B.助理会计师

C.会计师　　　　　　　　　D.高级会计师

6.会计人员的职责中不包括（　　）。

A.进行会计核算　　　　　　B.实行会计监督

C.参与会计管理　　　　　　D.决定经营方针

7.在大中型企业中，主管经济核算和财务会计工作的是（　　）。

A.厂长　　　　　　　　　　B.注册会计师

C.高级会计师　　　　　　　D.总会计师

8.《中华人民共和国会计法》在我国会计法规体系中属于（　　）。

A.会计法律　　　　　　　　B.会计行政法规

C.会计部门规章　　　　　　D.地方性会计法规、规章

9.下列会计法规，属于会计法律层次的是（　　）。

A.《企业会计准则——基本准则》　B.《中华人民共和国会计法》

C.《企业财务会计报告条例》　　　D.《企业产品成本核算制度》

10.下列会计法规，属于会计行政法规层次的是（　　）。

A.《企业会计准则——基本准则》　　　　B.《中华人民共和国会计法》

C.《企业财务会计报告条例》　　　　　　D.《会计基础工作规范》

11.下列会计法规，属于会计部门规章层次的是（　　　）。

A.《中华人民共和国注册会计师法》

B.《中华人民共和国会计法》

C.《企业财务会计报告条例》

D.《企业会计准则——基本准则》

12.《企业会计准则——基本准则》在我国会计法规体系中属于（　　　）。

A.会计部门规章　　　　　　　　　　B.会计行政法规

C.会计法律　　　　　　　　　　　　D.地方性会计法规、规章

13.会计凭证的保管期限为（　　　）。

A.15年　　　　　　　　　　　　　　B.25年

C.30年　　　　　　　　　　　　　　D.永久

14.库存现金日记账和银行存款日记账的保管期限为（　　　）。

A.15年　　　　　　　　　　　　　　B.25年

C.30年　　　　　　　　　　　　　　D.永久

15.年度会计报告的保管期限为（　　　）。

A.15年　　　　　　　　　　　　　　B.25年

C.30年　　　　　　　　　　　　　　D.永久

（三）多项选择题

1.会计工作组织的内容包括（　　　）。

A.设置会计机构　　　　　　　　　　B.配备会计人员

C.制定、执行会计法规　　　　　　　D.保管会计档案

E.设定会计目标

2.会计工作组织的原则包括（　　　）。

A.统一性原则　　　　　　　　　　　B.适应性原则

C.效益性原则　　　　　　　　　　　D.内部控制原则

E.责任制原则

3.广义上讲，我国的会计机构可分为（　　　）。

A.会计管理机构　　　　　　　　　　B.会计决策机构

C.会计工作机构　　　　　　　　　　D.会计考评机构

E.会计中介服务机构

4.下列各项中，属于会计人员工作岗位的有（　　　）。

A.总会计师　　　　　　　　　　　　B.会计主管

C.出纳　　　　　　　　　　　　　　D.会计师

E.工资核算

5.出纳人员不得兼任（　　　）。

A.稽核   B.会计档案保管

C.收入、支出、费用账目的登记   D.债权、债务账目的登记

E.库存现金日记账、银行存款日记账的登记

6.会计人员的专业技术职务有（　　　）。

A.高级会计师   B.总会计师

C.会计师   D.助理会计师

E.会计员

7.下列不属于会计人员专业技术职务的有（　　　）。

A.高级会计师   B.总会计师

C.会计师   D.注册会计师

E.助理会计师

8.会计人员的职责包括（　　　）。

A.进行会计核算   B.实施会计监督

C.参与会计管理   D.听从领导指挥

E.执行会计法规

9.会计职业道德包括（　　　）。

A.爱岗敬业、诚实守信   B.廉洁自律、客观公正

C.坚持准则、提高技能   D.参与管理、强化服务

E.服从命令、听从指挥

10.我国会计法规体系按制定机关和效力的不同，分为（　　　）。

A.会计法律   B.会计行政法规

C.会计部门规章   D.地方性会计法规、规章

E.企业会计规章、制度

11.下列各项中，包含在会计法规范围中的有（　　　）。

A.条例   B.政策

C.制度   D.规定

E.纪律

12.下列属于会计法规中会计法律层次的有（　　　）。

A.《中华人民共和国会计法》   B.《中华人民共和国注册会计师法》

C.《总会计师条例》   D.《企业财务会计报告条例》

E.《企业会计准则——基本准则》

13.下列属于会计法规中会计行政法规层次的有（　　　）。

A.《中华人民共和国会计法》   B.《中华人民共和国注册会计师法》

C.《总会计师条例》   D.《企业财务会计报告条例》

E.《企业会计准则——基本准则》

14.构成中国企业会计准则体系的有（　　　）。

A.《企业会计准则——基本准则》   B.企业会计准则的具体准则

C.《企业会计准则——应用指南》　　　D.《企业会计准则讲解》

E.《企业会计准则难点透析》

15.《企业会计准则——基本准则》的具体内容包括（　　）。

A.总则　　　　　　　　　　　　　　B.会计信息质量要求

C.会计要素的确认　　　　　　　　　D.会计要素的计量

E.财务会计报告

16.会计档案的保管期限中，定期保管期限分为（　　）。

A.10年　　　　　　　　　　　　　　B.15年

C.25年　　　　　　　　　　　　　　D.30年

E.5年

17.下列属于会计档案的有（　　）。

A.会计凭证　　　　　　　　　　　　B.会计账簿

C.财务会计报告　　　　　　　　　　D.会计档案保管清册

E.银行对账单

18.下列各项中，需要永久保管的会计档案有（　　）。

A.会计档案移交清册　　　　　　　　B.会计档案保管清册

C.会计档案销毁清册　　　　　　　　D.年度财务会计报告

E.会计档案鉴定意见书

（四）判断题

1.会计管理机构是指在政府职能部门中负责组织、领导会计工作的机构。

（　　）

2.《中华人民共和国会计法》明确规定，国务院财政部门管理全国的会计工作。（　　）

3.企业会计工作的组织方式是"统一领导、分级管理"。（　　）

4.在一个单位内部，对各部门和下属单位的经济业务可以分别采取集中核算和非集中核算。（　　）

5.《中华人民共和国会计法》规定，从事会计工作的人员必须取得会计从业资格证书。（　　）

6.会计人员的初级资格包括会计员资格和助理会计师资格。（　　）

7.高级会计师是单位行政领导成员，协助单位主要行政领导人工作，主要对单位主要行政领导负责。（　　）

8.注册会计师是单位行政领导成员，协助单位主要行政领导人工作，主要对单位主要行政领导负责。（　　）

9.会计职业道德是一定社会调节人际关系的行为规范。（　　）

10.企业的会计核算组织程序包括集中核算和非集中核算。（　　）

11.《中华人民共和国会计法》规定，所有企业必须设置总会计师。（　　）

12.会计法规作为经济法规的重要组成部分，其调整对象是经济关系中的各自

会计法律关系。 （   ）

13.会计行政法规是指调整我国经济生活中会计关系的法律总规范。 （   ）

14.在现阶段，所有企业都必须执行《企业会计准则——基本准则》和具体准则。 （   ）

15.国家经济档案是会计档案的重要组成部分，是企业日常发生的各项经济活动的历史记录。 （   ）

16.银行对账单不属于会计凭证，因而也就不属于会计档案。 （   ）

17.保管期满但未结清的债权、债务原始凭证和涉及其他未了事项的原始凭证，不得销毁。 （   ）

18.正在项目建设期间的建设单位，其保管期满的会计档案可以销毁。 （   ）

（五）名词解释

1.会计工作组织　　　　　　　2.会计管理机构

3.会计工作机构　　　　　　　4.会计中介服务机构

5.报账单位　　　　　　　　　6.会计职业道德

7.会计法规　　　　　　　　　8.会计法律

9.会计法律关系　　　　　　　10.会计行政法规

11.会计部门规章　　　　　　　12.《企业会计准则——基本准则》

13.会计档案

（六）简答题

1.合理组织会计工作具有什么作用？

2.科学地组织会计工作应遵循哪些要求？

3.会计人员有哪些职责？

4.会计人员有哪些权限？

5.什么是会计职业道德？包括哪些内容？

6.会计人员专业技术职务有哪些？

7.简述会计法规的层次及其含义。

五、练习题参考答案

（一）填空题

1.会计机构；会计人员　　　　2.适应性原则；效益性原则

3.会计管理；会计核算　　　　4.独立核算机构；半独立核算机构

5.集中核算；非集中核算　　　6.稽核；会计档案保管

7.审计业务；服务业务　　　　8.会计从业资格证书；会计师

9.会计师；助理会计师　　　　10.初级资格；中级资格

11.进行会计核算；实施会计监督　　12.会计法律；会计行政法规

13.《企业会计准则——基本准则》；具体准则

14.会计核算；经济业务事项　　15.永久；定期

（二）单项选择题

1.B　2.A　3.B　4.C　5.D　6.D　7.D　8.A　9.B　10.C　11.D　12.A　13.C
14.B　15.D

（三）多项选择题

1.ABCD　2.ABCDE　3.ACE　4.ABCE　5.ABCD　6.ACDE　7.BD　8.ABC
9.ABCD　10.ABCD　11.ACD　12.AB　13.CD　14.ABC　15.ABCDE　16.AD
17.ABCDE　18.BCDE

（四）判断题

1.√　2.√　3.×　4.√　5.√　6.√　7.×　8.×　9.×　10.×　11.×　12.√
13.×　14.×　15.×　16.×　17.√　18.×

（五）名词解释

1.会计工作组织，就是根据会计工作的特点，设置会计机构，配备会计人员，制定、执行会计法规，保管会计档案，以保证合理、有效地进行会计工作。

2.会计管理机构是指在政府职能部门中负责组织、领导会计工作的机构。

3.会计工作机构是指在会计主体中直接从事会计工作的职能部门。

4.会计中介服务机构即会计师事务所，是指依法设立的，受当事人委托，承办有关审计业务、会计咨询和会计服务业务的中介机构。

5.报账单位是指企业内部不单独计算盈亏，只记录和计算几个主要会计指标，进行简易核算，以考核其工作质量的单位和部门。

6.会计职业道德是指会计人员在会计工作中应遵循的，体现会计职业特征的，调整会计职业关系的职业行为准则和规范。

7.会计法规通常指对会计工作产生约束和影响的，由国家和地方立法机关、中央和地方各级政府和行政部门制定、颁布的法律、条例、准则、章程、制度、规定、办法、实施细则等规范文件的总称。

8.会计法律是指调整我国经济生活中会计关系的法律总规范。

9.会计法律关系是指国家机关、社会团体、公司、企业、事业单位和其他组织在会计活动中形成和发生的，受会计法规约束的各种经济关系。

10.会计行政法规是指调整我国经济生活中某些方面会计关系的、由国家最高行政机关——国务院制定，以中华人民共和国总理令形式发布实施的会计法规。

11.会计部门规章是指由国务院所辖各部、委、局、署、行等行政部门制定并发布实施的会计法规。

12.《企业会计准则——基本准则》是会计核算的一般要求和会计核算广泛遵循的原则，是具体会计准则制定的依据。

13.会计档案是指单位在进行会计核算等过程中接收或形成的，记录和反映单位经济业务事项的，具有保存价值的文字、图表等各种形式的会计资料，包括通过计算机等电子设备形成、传输和贮存的电子会计档案。

（六）简答题

1.合理组织会计工作具有什么作用？

答：合理组织会计工作的重大作用体现在以下四个方面：

（1）科学地组织会计工作，有利于提高会计工作的质量和效率。

（2）科学地组织会计工作，有利于会计工作与其他经济管理工作协调一致。

（3）科学地组织会计工作，有利于加强企业内部的经济责任制。

（4）科学地组织会计工作，有利于会计法规的正确执行。

2.科学地组织会计工作应遵循哪些要求？

答：科学地组织会计工作应遵循下列五个方面的要求：

（1）统一性原则，是指组织会计工作必须遵循国家对会计工作的统一要求。

（2）适应性原则，是指组织会计工作必须适应本单位经营管理的特点。

（3）效益性原则，是指在保证会计工作质量的前提下，组织会计工作时应讲求效益。

（4）内部控制原则，是指组织会计工作应建立内部控制规范。

（5）责任制原则，是指建立和完善会计工作本身的责任制度。

3.会计人员有哪些职责？

答：会计人员的职责主要有以下几个方面：

（1）进行会计核算，是指对企业已经发生的交易或者事项，主要以价值量的形式进行确认、计量和报告。

（2）参与会计管理，是指利用会计核算所提供的信息，对企业的经济活动进行事前、事中和事后的管理。

（3）实行会计监督，是指会计人员对本单位的各项经济业务和会计手续的合法性、合理性和合规性进行事前、事中、事后的检查和督促。

4.会计人员有哪些权限？

答：会计人员的权限主要包括以下五个方面：

（1）会计人员有权拒绝办理违法会计事项。

（2）会计人员有权要求本单位有关部门、人员认真执行国家批准的计划、预算，遵守会计法规。

（3）会计人员有权参与本单位编制计划、制定定额、对外签订经济合同的工作，并可以参加有关生产、经营管理会议和业务会议。

（4）会计人员有权监督本单位有关部门的财务收支、资金使用和财产保管、收发、计量、检验等情况。

（5）会计人员有权对打击报复进行申诉。

5.什么是会计职业道德？包括哪些内容？

答：会计职业道德是指会计人员在会计工作中应遵循的，体现会计职业特征的，调整会计职业关系的职业行为准则和规范。会计职业道德可以概括为以下八个方面：爱岗敬业、诚实守信、廉洁自律、客观公正、坚持准则、提高技能、参与管理和强化服务。

6.会计人员专业技术职务有哪些?

答:会计人员专业技术职务有:高级会计师、会计师、助理会计师、会计员。高级会计师为高级职务,会计师为中级职务,助理会计师、会计员为初级职务。

7.简述会计法规的层次及其含义。

答:我国会计法规体系按制定机关和效力的不同,分为以下四个层次:

(1)会计法律,是指调整我国经济生活中会计关系的法律总规范,是由国家最高权力机关——全国人民代表大会及其常务委员会制定、以中华人民共和国主席令的形式颁布的会计法规。会计法律的名称一般为"中华人民共和国××法"。

(2)会计行政法规,是指调整我国经济生活中某些方面会计关系的、由国家最高行政机关——国务院制定,以中华人民共和国总理令形式发布实施的会计法规。

(3)会计部门规章,是指由国务院所辖各部、委、局、署、行等行政部门制定并发布实施的会计法规。部门规章的名称一般为:"××准则""××制度""××办法""××规范""××规定""××实施细则"等。这个层次的会计法规所占的比例最大,涉及面最广,具有及时性、灵活性和针对性强的特点。

(4)地方性会计法规、规章,是指由省、自治区、直辖市人民代表大会及其常务委员会,或者由省、自治区、直辖市人民政府及其所属部门根据会计法律、会计行政法规和会计部门规章的规定,结合本地实际情况制定、在各自的行政区域内实施的地方性与会计有关的法规、规章。